有關地理的那些事

培育
文化

益智館 26

有關地理的那些事

編著	劉翔淵
責任編輯	李威漢
內文排版	王國卿
封面設計	林鈺恆

出版者　培育文化事業有限公司

信箱　yungjiuh@ms45.hinet.net

地址　新北市汐止區大同路3段194號9樓之1

電話　（02）8647-3663

傳真　（02）8674-3660

劃撥帳號　18669219

CVS代理　美璟文化有限公司

TEL／(02)27239968

FAX／(02)27239668

總經銷：永續圖書有限公司

永續圖書線上購物網
www.foreverbooks.com.tw

法律顧問　方圓法律事務所　涂成樞律師

出版日期　2018年11月

國家圖書館出版品預行編目資料

有關地理的那些事 / 劉翔淵編著.-- 初版.
　-- 新北市：培育文化，民107.11
　　面；　公分 .--（益智館；26）
　　ISBN 978-986-96976-0-6（平裝）
　1. 世界地理 2. 通俗作品
　716　　　　　　　　　　　107015977

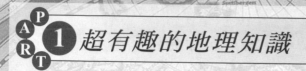

PART 1 超有趣的地理知識

01 酋長老人的武器 009

02 地圖與戰爭 013

03 雨林區轟炸無效 017

04 諾曼第神兵 020

05 拿破崙征服阿爾卑斯山 023

06 諸葛亮草船借箭 026

07 火燒葫蘆谷 030

08 周瑜借東風 033

09 禿龍洞前擒孟獲 036

10 夸父追日的故事 039

11 宇宙最後三分鐘 043

12 鄭和下西洋的故事 047

13 徐霞客岩洞探險 050

14 神祕消失的一天 052

PART 2 那些奇特的地理奇觀

01 從山谷飄起來的帽子 *057*

02 「聽話」的巨石 *060*

03 神祕的「狗死洞」 *063*

04 沙漠哭聲 *066*

05 天降動物 *069*

06 海之路 *073*

07 和太陽打招呼的石像 *076*

08 發光的土地 *079*

09 火山噴冰怪事 *081*

10 球形閃電 *084*

11 人體自燃的火炬島 *088*

12 瞬間消失的積雪 *091*

13 石怪公園 *094*

14 救命的死海 *098*

15 船員的發現 *101*

16 五彩雪花趣事 *105*

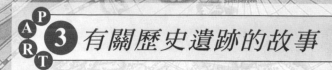

PART 3 有關歷史遺跡的故事

01 納斯卡荒原上的線畫 *111*

02 巨石浮雕的神祕面紗 *115*

03 阿爾塔米拉山——洞中的奇異壁畫 *118*

04 重見天日的吳哥窟 *122*

05 馬丘比丘古城之謎 *126*

06 揭祕——米諾斯王宮廢墟 *129*

07 瞬間消失的龐貝古城 *133*

08 秦始皇陵兵馬俑 *137*

09 馬王堆漢墓的發掘 *140*

10 三星堆遺址之祕 *144*

11 大辛巴威之謎 *148*

4 世界地理大發現

PART

01 承諾下的發現——白令海峽 153

02 哥倫布的「東方探險」 157

03 達‧伽馬的壯舉——
印度航線的開闢 161

04 麥哲倫的環球航行與美洲新大陸 165

05 邂逅風暴下的發現——好望角 168

06 哈雷的傑出貢獻——「哈雷彗星」 172

07 赫歇爾的重大發現——天王星 175

08 數學家「筆尖上的發現」——海王星
....178

09 外空中神祕信號的降臨——脈衝星 182

10 藥師的偉大發現——太陽黑子週期 186

11 哥白尼的偉大貢獻——「日心說」 190

12 康得——拉普拉斯星雲假說的提出 193

13 進軍「萬寶之地」——南極大陸 196

14 病床上的意外發現——
大陸漂移假說 200

Part

1

超有趣的地理知識

自從地球上有了人類，知識便萌芽在人類的智慧中，從茹毛飲血的遠古到高度文明的當代，每一次社會的進步，無不顯示出知識的巨大作用。知識的進步，推動了歷史的發展，促進了人類的文明。知識就是在不斷給人類以智慧啟迪，知識就是無窮的力量。地理知識就是如此，他能使人們在瞭解和學習它後，從中受到啟發，增長智慧，並將它應用到實際生活中解決一些問題，甚至是關乎大局的重大問題。

本章主要講述了一些地理知識給人的智慧啟迪的故事，以及人們在生活現象中領悟到的地理知識的故事。本章的目的就在於要告訴大家，學習地理知識的目的在於應用，而且只有透過應用地理知識，才能真正體會到它的正確性與重要性。同時希望大家能在平常生活中，多多加強地理知識的學習，進而在增長知識和智慧的同時，不斷提高應用知識的能力。

01 酋長老人的武器

在古希臘愛琴海的納克索斯島上，居住著一群純樸、善良而又勤勞的人們。他們在一位德高望重的智慧老人的領導之下，日出而作，日落而息，過著十分安靜的生活。某一個夏天，火紅的太陽剛從海面升起，島民們就在酋長的帶領下，莊嚴而神聖地向海神祭祀。

祭祀完畢，壯年漢子們就帶著族人的祝福和乾糧出海了。婦女、老人帶著小孩目送他們乘船遠去，直到消失在海平線上。

太陽漸漸升高了，天空沒有一絲雲彩，毒辣辣的太陽沒遮沒擋，像火一樣烘烤著地面，連海上吹來的風都熱烘烘的，讓人難受。由於他們都惦記著出海的人，所以不時地向海面張望。

午後，突然有人發現海平線上有許多小黑點，島民

以為出海的人歸來了，但又覺得非常奇怪。因為平常他們都是太陽落山時才回來。

正當他們犯嘀咕的時候，小黑點漸漸變大了，船離他們越來越近，當他們能看清楚的時候，便引起了一片驚慌。因為，這些船隻比他們的漁船要大得多，船上坐滿了衣著古怪的人，個個手裡拿著大刀和長矛，且足有1000多人。看來對他們不懷好意。

原來這是馬其頓王國的軍隊，他們遠征時走錯了航線，與大部隊失去了聯繫，這些人在海上已漂流了一天一夜，又累又餓的士兵發現了這個島，便決定掠奪島上的財物，來補充給養。

而善良的島民並不知道這一切，他們只覺得來者不善必須提高警惕，必要時還要採取強有力的措施。

那船隻離島幾百米時擱淺了。眼看島民在劫難逃，婦人驚慌不定，小孩嚇得號啕大哭，但這一切並沒有嚇倒智慧的酋長老人，他正在思量對策。突然，他眼前一亮，頓時有了主意。

原來希臘之神教會了他們祖先取火的方法，祖輩把這種用銅鏡聚陽光來取火的方法傳給了他們。

酋長老人想：如果把各家的銅鏡都拿出來借這火熱的陽光，對著這些大船也許會使它們燃燒起來。想到這裡，他立刻號召島民把所有的銅鏡都搬出來。

不一會兒，上千面鏡子聚集在岸邊，老人不慌不忙地指揮島民人手一面鏡子，首先把每面鏡子反射的陽光都對準最近的那艘大船。

轉眼工夫，大船就冒起了白煙，接著便燃起了熊熊大火，其他船上的士兵眼看這艘船突然著火，不知島上用了什麼武器，只見岸上白花花的一片，嚇得他們趕緊掉轉船頭落荒而逃。

島民們望著落荒而逃的侵略者，頓時歡欣鼓舞，沉醉在一片勝利的喜悅中。

知識點睛

太陽光有著相當大的威力。據科學家估算，我們地球表面每秒鐘接受到的太陽能的總量，相當於燃燒550萬噸煤所產生的能量，只不過太陽能在地面很分散地分佈。故事中酋長老人其實就是利用了聚光的原理，進而提高了太陽能的效用。

眼界大開

　　太陽系由太陽、大行星及其衛星、小行星、彗星、流星體和行星際物質構成的天體系統。太陽是太陽系的中心天體，占總品質的99.86％，其他天體都在太陽的引力作用下繞其公轉。太陽系中只有太陽是靠熱核反應發光發熱的恆星，其他天體要靠反射太陽光而發亮。

02 地圖與戰爭

小強從在軍校讀書的表哥那得知：地圖不但與自然科學有關，而且與軍事科學也有密切的聯繫，關鍵的時候，它還決定著戰爭的勝負。小強起初對此感到疑惑，後來他終於明白了。因為表哥向他提供了事實證據：

1943年，美、英聯軍準備在義大利的西西里島登陸，而當時英國皇家海軍水文局資料室裡正好保存了西西里島水文圖。這個水文圖較詳細地介紹了沿海海岸和水深的情況進而使登陸艦和士兵順利地登上了島嶼，並很快攻占了該島。

同一年，美、英聯軍在法國沿海開闢新戰場，由於事前掌握了法國西北部沿海地形、水文和氣象等情報資料，於是便加快了登陸的速度。

當時，德軍將領把注意力集中在加來海峽沿岸，大

部分步兵師和裝甲師仍留在塞納河以北。美、英聯軍故意在這一帶舉行了一系列虛張聲勢的軍事演習行動，使德軍將領更相信自己的判斷。

6月3日凌晨1時，兩個美國空運師和一個英國空運師在諾曼第半島突然著陸，接著一支龐大艦隊在猛烈炮火掩護下，登陸成功。到了下午，他們已經在3個海灘取得了據點，並還向縱深推進了4～10公里，這讓德軍感到膽戰心驚起來。

1942年8月，美、日兩國在太平洋所羅門群島爆發了一場激烈的戰鬥，那裡有一個不受人們注意的名叫瓜達爾卡納爾的小島。戰鬥前夕，美軍對於這個小島的地理、地形資料少得可憐，關於所羅門群島的書也只有兩本，且都只是泛泛而談，印象多於紀實，而且還十分陳舊。正在此時，美國戰略情報局傳來了7張照片，這是一個旅行者遊覽該島時拍攝的。

第二次世界大戰爆發時，情報局曾要求美國公民把那些在國外拍攝的照片，送一份給情報局。美國第一海軍陸戰師就根據這7張照片所記錄的地形特徵，並結合澳大利亞情報局派往該島去的人收集到的情報，終於弄清該島的地形以及島上日軍兵力部署的情況。

美軍由此順利登上該島，穿過熱帶叢林，奇襲日軍機場，最終取得輝煌的勝利。

　　但是，不幸的是，在另一次戰爭中，由於使用了過時的地圖，美軍卻付出了沉重的代價。

　　1943年10月，美軍準備在日本占領的吉伯特群島的塔拉瓦島上登陸，當時使用的是100多年前的水文圖。這張圖早過時了，由於珊瑚礁的堆高，周圍水域的情況已經變化很大。

　　結果，美軍的登陸艇不能靠近海岸，海軍陸戰隊的士兵只得涉水登陸。這樣一來，他們不僅失去了寶貴的時間，而且暴露在日軍面前，成了日軍炮火的目標。導致最後共傷亡3000多名士兵，損失可謂大矣！

知識點睛

　　地圖在戰爭中有著極其重要的作用，世界各國的軍事指揮部門都有一支專門隊伍，從事地圖的測繪工作。這包括陸軍使用的地圖或地形圖，海軍的海圖或水文圖，還有空軍的航空圖。

 眼界大開

　　1973年，湖南長沙馬王堆三號漢墓出土了3幅西漢地圖，均為稀世之寶。這3幅地圖均繪在絲帛上，沒有標寫圖名，一般簡稱為《地形圖》、《駐軍圖》、《城邑圖》。3幅地圖中，兩幅已基本復原，另一幅由於破損嚴重，還沒有修復。經學者研究，這些地圖被斷定為西漢初年的作品，距今已有2千多年。

03 雨林區轟炸無效

奎奎一向都是個軍事迷，看過不少軍事類的書。書中許多的軍事故事讓他很感興趣，並且他都能理解。但是最近看的兩個故事中存在的問題一直令他困惑不解。這個問題是：

1991年1月海灣戰爭爆發。以美國為首的多國部隊，向伊拉克全境輪番用B52戰鬥機作「地毯式」轟炸，並用衛星、電子監聽等高科技手段來確定轟炸目標，使伊拉克的軍用和民用目標頃刻遭到了毀滅性的破壞。

這場戰爭伊軍的戰鬥力嚴重損傷，美國最終獲勝。然而，1964年8月，美軍在越南戰爭中也同樣採用這種作戰方法，卻歷時長達10年，最後以失敗而告終。

那麼美軍採用同樣的作戰方法怎麼會取得了截然相反的結果呢？奎奎反復地問自己這個問題，可他還是找不到答案。於是，他決定向老師們請教。

　　後來，地理老師告訴了他一個滿意的答案。原因就在於兩個作戰地的自然條件存在著很大的區別。越南地處亞熱帶季雨林，全國有一半面積被森林覆蓋，再加上地形崎嶇，即使用電子監聽等高科技手段也難以確定地面的轟炸目標，所以，美軍使用空中力量難以取勝。而伊拉克氣候乾燥，屬熱帶沙漠氣候，地面平坦，植被極少，轟炸目標顯而易見，結果當然就與越南戰爭大不相同了。

知識點睛

　　熱帶雨林氣候是赤道南北常年高溫、潮濕和多雨的氣候。主要分佈在南美洲亞馬遜河流域、非洲剛果河流域、亞洲和大洋洲從蘇門答臘島至新幾內亞島一帶。熱帶雨林氣候的主要特點是常年高溫，氣溫變化小。

　　太陽一年兩次直射地面，輻射強烈，晝夜長短差別很小。一年內各月的平均氣溫在24℃～28℃之間，最冷月平均氣溫不低於18℃，絕對最高氣溫很少超過35℃。氣溫年較差一般不超過5℃，而日較差可達10℃～15℃。全年多雨。南北兩個半球的信風氣流在赤道地區輻合上升，地面風力較弱，濕潤氣流上升容易成雲致雨。終年潮濕，相對濕度大。年降水量一般為1500～3000毫米。

氣候變化單調。在赤道氣團控制之下，全年都是夏天。一般早晨晴朗，午前炎熱，午後下雨，黃昏雨歇，天氣稍涼。

眼界大開

　　伊拉克位於亞洲西南部。面積44.18萬平方公里。人口1894.9萬（1992年統計），阿拉伯人占73.5％。官方語言為阿拉伯語，通用英語。居民96％信奉伊斯蘭教，首都巴格達。資源有石油和天然氣。國民收入主要靠石油。

04 諾曼第神兵

　　一次世界大戰之時，德國法西斯以其閃電戰迅速控制了歐洲14個國家，並企圖吞併歐洲進而稱霸世界。但是，從法西斯產生之日起，世界人民的反法西斯鬥爭就一直頑強地進行著。

　　在東線，以史達林為首的蘇聯人民頑強地抵抗德軍侵略，誓死保衛祖國。在西線，以艾森豪為總司令的盟國軍隊，決定開闢第二戰場，徹底粉碎法西斯的美夢。

　　1944年6月6日凌晨2時，諾曼地登陸戰正式開始。首先盟軍以3個傘兵師在德軍後方空降，接著空軍猛烈轟炸，而就在此時，海軍裝載登陸部隊的潛艇，突然出現在諾曼第半島地區。登陸艇的突然出現，令德軍大吃一驚，他們怎麼也沒想到登陸部隊來得這麼快。清晨6時半，第一批部隊已登上灘頭，接著，約有15.6萬人在當天登陸，一舉擊潰了希特勒堅固的諾曼第防線。

　　這些潛艇之所以能避開德軍艦艇的海上巡邏和水下尋熱系統的嚴密監視而突然出現，是因為英美盟軍在這裡利用了一個重要的地理現象。

　　因為1944年6月6日那天正是大西洋出現大潮的時候。這時，表層海水向大洋中心流動，到大洋中心海水就必然下沉，進而形成下沉海流；下沉海流至深層又向岸邊流動，呈現為向岸海流；向岸海流在底層觸岸後又形成上升流。

　　盟軍摸清了大西洋西岸英吉利海峽這一海水運動規律，用潛艇裝載軍隊，從英國開始下沉入海，然後關閉發動機，利用深層向岸海流為動力，避開了海上德軍軍艦和海下尋熱系統，順利到達法國西北部的諾曼第半島地區。這時傘兵、空軍突然對德軍發動進攻，潛艇悄然浮出水面。

　　當德軍的軍艦還在巡邏，暗堡中的哨兵正密切注視海上動靜的時候，盟軍登陸艇黑壓壓的迎面而來，繼而風捲殘雲一般，占領了灘頭陣地，取得了登陸戰役的勝利。

知識點睛

洋流是地球上熱量轉運的一個重要動力。據衛星觀測資料，在北緯20°地帶，洋流由低緯向高緯傳輸的熱量約占地－氣系統總熱量傳輸的74%，在北緯30°～35°間，洋流傳輸的熱量約占總傳輸量的47%。洋流調節了南北氣溫差別，在沿海地帶等溫線往往與海岸線平行就是這個緣故。

眼界大開

英吉利海峽是大西洋的一部分，位於英格蘭與法國之間，西南最寬達240公里；東北最窄處直線距離33.8公里，即從英國的多佛爾到達法國的加來，多佛爾到加來這部分海峽是英國海峽協會認可的橫渡區域。

英吉利海峽和多佛爾海峽是世界上最繁忙的海峽，戰略地位重要。國際航運量很大，目前每年通過該海峽的船舶達12萬艘之多，居世界各海峽之冠。

歷史上由於它對西、北歐各資本主義國家的經濟發展曾起過巨大的作用，人們把這兩個海峽的水道稱為「銀色的航道」。

05 拿破崙征服阿爾卑斯山

1796年，法國統帥拿破崙準備入侵義大利，他打算採取出奇制勝之策，出人不意地翻越阿爾卑斯山，如神兵天降，迅速占領義大利平原。但要翻越阿爾卑斯山，簡直就是天方夜譚。

翻越之前，拿破崙已瞭解到：阿爾卑斯山，有千年不化的積雪，有萬條崎嶇的冰川，群峰陡峭、溝壑縱橫，主峰勃朗峰，海拔4800米，冰光雪影，冷氣撲面。但是，拿破崙似乎不太相信。

於是他派探子上山去偵察道路。探子回來戰戰兢兢地說：「也許可能通過，但是……」

「只要可能，便沒有但是。馬上向義大利進發！」

拿破崙立即阻止探子說下去。於是，他親自率領4萬人的軍隊排成30公里的長蛇隊形，浩浩蕩蕩，從西北向

東南橫越白雪皚皚的阿爾卑斯山。後來,他終於翻越成功了,並且還如願以償地達到了入侵義大利的目的。

歐洲的歷史學家一直把拿破崙這次翻越阿爾卑斯山侵略義大利的故事傳為佳話,並對他此次成功的翻越行動大為吃驚,於是他們將此稱為「歷史上的奇蹟」。

知識點睛

阿爾卑斯山脈是第三紀漸新世至中新世期間由於非洲板塊向北邊的亞歐板塊移動擠壓隆升而形成的。

它的主脈向東延伸是喀爾巴纖山脈,向南延伸是亞平甯山脈,向西南延伸是比利牛斯山脈。它是歐洲最高大的山脈,從熱那亞灣附近的圖爾奇諾山口沿法國、義大利邊境北上,經瑞士進入奧地利境內,綿延1200公里,平均海拔約3000米。

眼界大開

拿破崙一世皇帝(1804～1815年),法蘭西帝國締造者,卓越的軍事家,野心勃勃的政治家。先後多次打垮了歐洲各個封建君主國組織的「反法同盟」,保衛了由法國資產階級進行的法國大革命勝利果實,並在歐、非、北美各戰場上,進行了對歐洲各封建國家的戰爭,

削弱了歐洲大陸的封建勢力。

　　重要功績還有他頒佈了《拿破崙法典》，確立了資本主義社會的立法規範，至今還發揮著重要作用。

06 諸葛亮草船借箭

三國時期，劉備與孫權聯合攻打曹操。當時東吳都督周瑜非常嫉妒諸葛亮的才能，他決定用計謀置諸葛亮於死地。

一天，周瑜對諸葛亮說：「不久我們就要和曹軍交戰，水路交兵弓箭是最好的武器。請您在十天之內監管製造10萬枝箭。」

周瑜認為這樣就可難倒諸葛亮，可令他感到十分詫異的是，諸葛亮卻說：「10天時間太長了，會誤了大事，我可在3天之內完成任務。」

於是，周瑜以為他在說大話，便暗自高興，並趁此讓諸葛亮立下軍令狀。然後周瑜一面命令造箭的工匠到時候故意拖延時間，材料也不給準備充分，一面又讓他手下人魯肅去探聽諸葛亮的情況。

見到魯肅，諸葛亮就馬上對他說：「3天之內要造出

10萬枝箭啊！請您救救我吧！」

　　魯肅說：「您自己說的呀，我怎麼救您？」

　　諸葛亮乘機說：「請您借給我20艘船，每艘船上要士兵30人，船上都用青布罩著，每船紮滿草人，分立兩邊。我自有安排，包管第三天有10萬枝箭。不過您不能讓周瑜知道這事，否則我的計謀就失敗了。」

　　魯肅答應了諸葛亮的要求，卻猜不透他的用意。在回報周瑜時，他信守諾言沒提借船之事，只是說諸葛亮不用箭竹、瓴毛、膠漆這些東西。聽魯肅這麼一說，周瑜大惑不解。

　　緊接著，魯肅私下準備了快船20艘，並按諸葛亮的要求在船上紮了草人，等候調用。可第一天不見諸葛亮有什麼動靜，第二天也沒動靜，到第三天四更時分他突然被諸葛亮請去乘船取箭。

　　那一夜大霧漫天，長江之中霧氣更重，面對面看不清人，那紮滿草人的20艘船已用長繩索連在一起，逕自向北岸曹操軍營進發。到五更時候已離曹軍水寨不遠。諸葛亮命令船隊頭西尾東一字排開，讓士兵擂鼓吶喊。

　　諸葛亮笑著安慰魯肅說：「霧這麼大，我料定曹操不敢出兵。我們只管喝酒就是了，待霧散了就回去。」

　　果然，曹操接到報信後說：「大霧迷江，敵軍突然來臨，一定有埋伏，千萬不要輕舉妄動，馬上讓弓箭手

用亂箭射退敵人。」於是曹軍1萬多名弓箭手一齊向江中放箭，箭如雨下。

諸葛亮看草人一側已桀滿箭支，便命令船隊掉頭，頭東尾西，逼近曹軍，讓船的另一側接受箭射，同時繼續擂鼓吶喊。待到日高霧散，20艘船兩邊的草人上桀滿了箭支。

諸葛亮命令趕緊收船回營，並讓士兵齊聲高喊：「感謝曹丞相送箭！」等曹操發覺上當，欲發兵時已經追趕不上諸葛亮了。

就這樣，諸葛亮乘著大霧用草船「借」來了10萬多枝箭，這令魯肅佩服得五體投地，也使周瑜對他更加嫉恨。

原來，諸葛亮接受命令時，正處在晴朗少雲的深秋季節。這時，晝夜溫差大，夜間氣溫下降很多，空氣極易達到飽和而使多餘水氣凝結。同時，長江又為大氣提供了充足的水氣。諸葛亮見那幾天天氣單調，少有變化，風力微弱，憑著他對天氣變化的規律性認識，他料定三日之後會出現大霧。

029

　　霧是一種由於大量水滴或冰晶懸浮於近地面的空氣
中，進而使空氣水準能見度變小的物理現象，霧的形成
過程就是近地面大氣中水氣凝結的過程。形成霧的基本
條件是近地面空氣中水氣充沛，同時要求風力微弱，大
氣層較穩定。

　　諸葛亮，生於西元181年，死於西元234年。三國時
蜀國政治家、軍事家，天下奇才。字孔明，琅琊郡（今
山東省沂南）人，號「臥龍」先生。

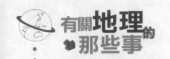

07 火燒葫蘆谷

三國後期，蜀國的丞相諸葛亮北伐曹魏，駐軍岐山五丈原，設計讓司馬懿進入眉縣第五村一帶的葫蘆谷，想利用該谷河深谷長的特點實施火攻。頓時，葫蘆谷中方圓好幾里開外乾柴燃燒，濃煙滾滾，因此，魏軍傷亡慘重。

此時，司馬懿及其他兩個兒子司馬師和司馬昭都被困在谷中。他們都自覺難逃此劫，只得抱頭痛哭等死。可出乎意料的是，就在這個萬分緊急的時刻，突然天降大雨，熄滅了這熊熊大火，司馬父子也因此而得以死裡逃生。

見到這種情況後，諸葛亮在五原大營無奈地對天長歎道：「謀事在人，成事在天，不可強也。」

這場雨其實不是什麼「天意」，恰恰是諸葛亮自己製造的。

熊熊的大火使此山區的近地面空氣受熱上升，氣壓降低。低氣壓區形成氣旋，其中心因空氣上升冷卻凝結而降雨。這就是說，當時葫蘆谷裡下了一場氣旋雨。

諸葛亮雖然通曉天文地理，但畢竟缺乏現代科學知識，不識「氣旋」是怎麼回事，否則，他也不可能採取如此失敗的戰術讓司馬懿僥倖逃脫。

知 識 點 睛

氣旋雨是氣旋中空氣輻合上升所造成的動力性大範圍降雨現象。

它歷時長，雨區廣，而且降雨區域隨氣旋的移動而移動。氣旋雨包括鋒面雨，如為鋒面氣旋則其前部的雨多為連綿性雨，降水較為均勻，降雨面積也大。

有時夾雜有對流性雨，屬暖鋒雨。而其後部的雨多為對流性雨，這些對流性雨常排列成帶。海洋上的降水絕大多數是氣旋雨，在冬季特別豐富。在溫帶大陸西岸，氣旋雨也很多，尤其是在冬季。

　　司馬懿，生於西元179年，死於西元251年，三國時魏國大將。字仲達，河內溫（今河南省溫縣）人。熟悉兵法，多智謀，善於玩弄權術。曾多次出師與諸葛亮鬥兵法。

　　曹芳任皇帝時，他和曹爽同受曹睿遺詔輔政，後乘曹爽出城游獵時，發動政變，殺了曹爽，代為丞相，封晉王，執掌國政。死後被孫子司馬炎追尊為晉宣帝。

08 周瑜借東風

赤壁之戰前夕，周瑜為火燒曹軍而進行了精心的準備。首先，他用苦肉計斥責黃蓋，以使黃蓋詐降曹操。然後，他又讓龐統向曹操獻連環計，使曹操的戰船自行釘鎖，這樣就給東吳火攻曹軍造成了機會。

但當這個火攻計劃似乎已成功在望之時，周瑜卻突然想起自己疏忽了一件十分重大的事情，並一下子急出病來。

聰明的諸葛亮一下就看出了周瑜的心病。於是，他借探病之機，挑明瞭周瑜的病根就在於「只欠東風」，並且應允願意借東風相助。

緊接著，諸葛亮就走南屏山借東風，幫助周瑜火燒了曹營的戰船，取得了赤壁大戰的勝利。

周瑜之所以「欠」東風，是因為赤壁古戰場在中國東部季風區。當時正值隆冬，盛行西北風，極少刮東南

風。曹營在江北，東吳在江南，用火攻反會燒了自家。周瑜焦急是有道理的，它符合氣候規律性。而所謂「借」東風，其實是諸葛亮預測到冬至前後短時間內天氣會有反常現象，故弄玄虛而已。

知識點睛

季風是大範圍盛行的、風向有明顯季節變化的風系。隨著風向的季節變化，天氣和氣候也發生明顯的季節變化。

「季風」一詞來源於阿拉伯語「mawsim」，意為季節。中國古稱信風，意為這種風的方向總是隨著季節而改變。

世界上季風明顯的地區主要有南亞、東亞、非洲中部、北美東南部、南美巴西東部以及澳大利亞北部，其中以印度季風和東亞季風最著名。有季風的地區都可出現雨季和旱季等季風氣候。

夏季時，吹向大陸的風將濕潤的海洋空氣輸進內陸，往往在那裡被迫上升成雲致雨，形成雨季；冬季時，風自大陸吹向海洋，空氣乾燥，伴以下沉，天氣晴好，形成旱季。

眼界大開

　　周瑜，生於西元175年，死於西元210年，東吳大將。字公瑾，盧江舒（今安徽訪盧江東南）人。出身官宦之家，儀表英俊，聰穎過人，多謀略，人稱周郎。孫策死後與張昭共同輔佐孫權，任大都督。

　　建安十三年（西元208年）在諸葛亮的幫助下，吳蜀聯合，火燒赤壁，大破曹軍，名傳華夏。後進取南郡時，被曹仁的伏兵射傷。為人器量狹小，陰狠歹毒，見諸葛亮比自己高明，便處處加以暗算。後被諸葛亮三次激怒，箭瘡發作而死。

09 禿龍洞前擒孟獲

在《三國演義》一書中，第八十九回講述孟獲被諸葛亮四擒四縱，無奈之下，落魄的他只好來投奔龍洞洞主，想方設法打敗諸葛亮。

當時洞主朵思大王對孟獲說：「附近有四個毒泉，要是蜀兵到來，這一路上並沒有水，見到這泉水必定要飲用它。這樣，他們雖然有百萬之師，也只會有來無回。」

孟獲聽見大喜，便忙問是哪四泉？

朵思大王說：「這四處泉水，第一個是啞泉，水質十分的甜，人要是飲用了它，就不能說話，並且不過幾天就會死。第二個是滅泉，它的水與熱水沒有什麼區別，人要是在裡面沐浴，就會全身皮膚腐爛，皮膚爛後見骨就會死亡。第三個是黑泉，它的水稍微有點清，人要是將這裡的水濺到身上，手和腳就會變黑而死亡。第四個是柔泉，它的水就像冰一樣，人要是飲用了它，咽喉就

會沒有暖氣，身體也會軟弱無力以致死亡。」

　　果然漢軍先鋒幾百名將士，由於天氣炎熱，人馬爭飲啞泉水後，都張口結舌，說不出話來。幸虧有人指教，他們找到了山林深處的「萬安隱者」，飲了草庵後的安樂泉，才吐出惡涎，恢復了言語。他告訴他們另外三處毒泉千萬不要飲用，只能挖掘地下的泉水，才能飲用而不致發生上面的事情。這樣漢軍才安然到達禿龍洞，五擒了孟獲。

　　你知道嗎，中國泉眼很多，僅溫泉就有2000多處，而且名泉近百，奇泉數十。雲南是中國溫泉最多的省份。提到的四個毒泉，可能確有其事。泉水在地下流動途中，勢必會摻進一些岩石礦物的化學成分。有人推測，上面提到的啞泉、安樂泉和柔泉現象，就與泉水化學成分有關。啞泉可能是含銅鹽的泉水，因為雲南地處「三江多金屬成礦帶」，境內遍佈大小銅礦；至於安樂泉，可能是鹼性泉，漢軍飲用後與含銅鹽的水發生化學反應，產生不溶性沉澱物，能洗胃解毒；柔泉可能是含毒氣的冷泉。顯然，如果漢軍在類似的毒氣冷泉旁久停，就定會「咽喉無暖氣，身軀軟弱如綿而死」。

　　四泉中的滅泉，與湯無異，當然就是水溫很高的熱泉。雲南地處板塊交接地帶，地熱富積。

　　如滇西的騰沖在地質史上就是個火山活動強烈的地

區，至今仍是有名的「溫泉之鄉」，僅在南北長115公里，東西寬55公里的範圍內，就有79處熱泉群。可以說每一個老的火山口，現在就是一個溫泉眼，如硫黃塘大滾鍋噴泉，是一個直徑3米，深1米的圓形水池，冒氣噴水，溫度高達96℃。可想而知，人如果跌進去，必然「皮肉皆爛，見骨而死」。

知識點睛

自然界的泉水是在含水層裡流動的地下水，遇到適當的地形、地質條件時，自動流出地表的水即地下水的天然露頭。按動力特徵可分為上升泉、下降泉；按泉水溫度可分為冷泉、溫泉和熱泉；按泉水化學成分可分為淡水泉、礦泉。

眼界大開

中國江西省永豐縣有一奇泉，泉水具有天然的麻、辣、酸、甜、苦5種味道。這是因為水中含有大量的碳酸氣，以及鐵、銅、矽、鋅、錳等10多種有益於人體健康的微量元素。該泉水雖有5味，但水質清澈，可以飲用。

10 夸父追日的故事

傳說中，「夸父」本是一個巨人族的名稱。從世系上看，夸父族人原本是大神後土傳下的子孫，住在遙遠北方一座名叫「成都載天」的大山上。

他們個個都是身材高大、力大無比的巨人，耳朵上掛著兩條黃蛇，手中握著兩條黃蛇。看上去他們的樣子很可怕，但實際上他們的性情溫順而善良，都為創建美好的生活而勤奮努力。

北方天氣寒冷，冬季漫長，夏季雖暖卻很短。每天太陽從東方升起，山頭的積雪還沒有溶化，又匆匆從西邊落下去了。

夸父族的人想，要是能把太陽追回來，讓它永久高懸在成都載天的上空，不斷地給大地光和熱，那該多好啊！於是決定他們從本族中推選出一名英雄，去追趕太陽，這個人的名字就叫「夸父」。

　　夸父被推選出來，心中十分高興，他決心不辜負全族父老的希望，跟太陽賽跑，把它追回來，讓寒冷的北方和江南一樣溫暖。

　　於是他跨出大步，風馳電掣般朝西方追去，轉眼就是幾千幾萬里。他一直追到禺谷，那裡是太陽落山的地方，那一輪又紅又大的火球就展現在夸父的眼前。這一刻他萬分的激動和興奮，想立刻伸出自己的一雙巨臂，把太陽捉住帶回去。

　　可是他已經奔跑一天了，火辣辣的太陽曬得他口渴難忍。於是他便俯下身去喝那黃河、渭河裡的水。頃刻間，兩條河的河水都讓他喝乾了，但他還沒有解渴。他只得又向北方跑去，去喝北方大澤裡的水。但不幸的是，他還沒到達目的地，就在中途渴死了。

　　夸父追日的目的真的能夠達到嗎？答案是否定的。因為他違背了客觀規律。大家應該都知道，地球是太陽系中唯一有生命的行星，本身是不能發光的，必須借助於太陽的光和熱來哺育其上的生命。

　　地球被太陽照亮的半球，就是白天，背離太陽的一面就是黑夜，加上地球自西向東自轉，這就使白天和夜裡不斷更替，因此也就會看到太陽總是從東方升起，兩邊落下。夸父看到的太陽西行，實際上是地球自轉的結果。

　　另外，地球在自轉的同時，又在繞太陽公轉，並且

地軸和公轉軌道之間存在著66.5°的夾角。且北極總是指向北極星不變，這樣就使太陽直射點只能在南、北緯23.5°之間移動，結果使地球表面的太陽高度和晝夜長短出現差別。所以在地球表面，緯度越高，氣溫越低，也就是說北方要比江南寒冷。

因此，即使夸父跑得再快，再力大無比，也無法改變這個事實。

知 識 點 睛

地球的自轉週期與公轉週期是不等的，前者為23時56分4秒（恆星日），後者為365日6時9分9.5秒（恆星年），這意味著地球公轉一圈的同時還繞地軸旋轉了365圈多。與此不同的是，月球自轉週期與公轉週期則是完全相同的，即都是27.32166日（27日7時43分11秒），這個週期叫恆星月。兩個週期相同，說明月球公轉一圈的同時只自轉了一圈，這樣的結果是使月球總是以正面對著地球。

眼界大開

　　夸父的故事雖然純屬虛構，但夸父那種勇敢無畏，堅韌不拔的精神很值得我們敬重與學習。

11 宇宙最後三分鐘

次，小楚從一本科普刊物中讀到了世界著名物理學家保爾‧大衛斯的《宇宙最後三分鐘》，書中是這樣寫的：

日期：西元2126年8月21日，世界末日。

地點：地球。

絕望的人們在整個星球上四處尋覓藏身之處，數以十億計的人已走投無路。一些人絕望地在尋找廢棄的礦井、洞穴，甚至潛水艇；恐慌之中想在地下深外找到逃生之地，但另一批人卻毫不在意，他們橫衝直撞，殺氣騰騰。然而，大多數的人只是癡呆而靜靜地坐著。等待死神的降臨。世界末日來臨了。

高空中，一道巨大的閃電印在天幕上。初時，一條輕絮般細管形輻射狀星雲逐漸膨脹，形成一股氣旋，翻滾著向空寂的天宇湧去。

　　長條形氣旋的頂部是一個外形猙獰、令人恐懼的黑團，這是一顆彗星，雖然頭部不大，卻帶著與其很不相稱的、具有毀滅性的大能量。它夾帶著1萬噸冰塊和岩石，以每小時6.4萬公里，即每秒近18公里的驚人速度逼近地球。

　　人類唯一能做的就是坐以待斃。面對著已註定了的命運，科學家們早就拋棄了他們的望遠鏡，悄悄地關上電腦。對災難無休止的模擬，結果仍然模棱兩可，而他們的結論又使人驚恐萬分，無法公諸於世。一些科學家利用普通老百姓所沒有的尖端技術的優勢，精心準備好了逃生計劃。

　　另一些科學家則打算盡他們的所能來仔細觀察這世界末日，並把觀察數據傳至深埋於地球內部的時代資訊密封器。

　　他們在最後一刻，仍然起到一個真正的科學家應起的作用。撞擊時刻臨近了。全世界成千上萬的人都在緊張不安地看著手錶。這正是宇宙的最後三分鐘。

　　爆心投影點正上方的天空被劈開了，掀起幾千立方公里的氣浪。一條比城市還寬的灼熱火焰沿弧線沖來，15分鐘之後急速擊中地球。

　　一萬次地震才具有的能量使地球不停地震顫。空氣被擠壓而產生的衝擊波橫掃地球表面，沿途所有建築被

夷為平地，一切的一切都被碾成粉末。撞擊點周圍的平地升起一個幾公里高的液態環形山，在100多公里直徑的撞擊坑穴中，地球內層暴露無遺。熔岩壁波浪式地向外湧出，地面顛簸起伏，猶如一條因受拍打而緩慢蠕動的毛毯。

坑穴內部數以萬億噸計的岩石被氣化，而數量比這多得多的物質則被高高拋起，其中一部分直接拋入太空，更多的則被扔過半個大陸，暴雨般地撒落在數百乃至數千公里以外。

受害之地萬物盡遭嚴重毀壞。急射而出的熔岩一部分會落入大洋，激起巨大的海嘯，進而加劇了悲劇的蔓延。大量的塵埃碎屑在地球大氣中飄散，導致全球遮天蔽日。不過，當拋入太空的物質返回大氣層時，照射地面的將不是陽光，而是由數以十億計流星所發出的眩目不祥之光，這種強光所帶來的無情的酷熱將使大地變為焦土。

「啊！實在是太恐怖了！」小楚感覺不寒而慄。從此以後，他一直都在想像著文章中那些情形，並且也在思考著「世界末日」這個問題。

知識點睛

你相信世界末日的說法嗎？如果真有那麼一天，我們能夠拯救自己嗎？不管這種說法是否正確，但這充分說明了我們人類應該擔憂自己的生存發展，應該開始思索人以後如何拯救自己的問題。

眼界大開

現在科學家們對宇宙的成因，得出了宇宙大爆炸假說、宇宙永恆假說、宇宙層次假說三中假說。

12 鄭和下西洋的故事

歷史課上，燦燦瞭解到了關於鄭和下西洋的一些知識：西元1405年，鄭和受明成祖朱棣之命第一次出使西洋。那時所謂的西洋指的是現在汶萊以西的東南亞和印度洋沿岸一帶。

當時，他一共率領2.7萬人，分乘坐200多艘大小船隻，從江蘇太倉劉家港出發，浩浩蕩蕩南下，先後到達越南南部、爪哇、蘇門答臘、麻六甲、印度西南海岸、斯里蘭卡等國家和地區。

1407年10月順利返航。之後，一直到1433年的28年時間裡，鄭和先後七次下西洋，經歷了亞非30多個國家和地區。其中第五次下西洋即1417年5月到1419年8月，到達的地方最遠。

從劉家港出發，經東海、南海，抵達越南南部、印尼，穿過麻六甲海峽，到達孟加拉灣、印度西南海岸、

波斯灣、紅海沿岸和非洲東海岸，往返行程近2.2萬公里。

　　鄭和船隊所到之處大都受到當地人的熱烈歡迎，各國使者因此競相訪問中國。鄭和的這七次遠航，促進了中國和亞非各國的經濟交流和友誼，成為世界航海史上的偉大壯舉。

　　「啊！當時這麼巨大的船隻，航程那麼遠，那裡又沒有機械動力，它們是靠什麼作為動力的呢？」當燦燦瞭解到這些知識的同時，她又產生了疑問。

　　後來，經過請教有關人士她得到了答案。就是：憑藉著自然動力——季風和洋流。

　　我們知道亞歐大陸是世界最大的大陸，東臨太平洋，海陸熱力差異大，因而亞洲南部、東南部和東部，季風氣候顯著。

　　季風隨著季節的變化風向相反，又由於表層海水在風的吹拂下會沿著一定方向流動，這種現象稱之為風海流，特別是在北印度洋，受熱帶季風的影響，夏季吹西南季風，海水按逆時針方向流動；冬季則相反。

　　鄭和就是巧妙地利用了不同時間的風向和洋流流向，完成了此一偉大的壯舉。

知識點睛

　　鄭和航海比歐洲航海家的遠航要早半個多世紀。就算從1433年第七次也是最後一次下西洋返航而言，就比1492年哥倫布到達美洲早59年，比1498年達‧伽馬繞好望角早65年，比1519年麥哲倫環球航行早86年。

　　就航海規模來說也是歐洲遠航規模無法比擬的。它不僅船數多（每次大小船隻均在200多艘）、人數多（每次2.7～2.8萬人）、設備先進（有航海圖、羅盤針）、次數多（前後七次）到達範圍廣（30多個亞非國家和地區），而且船隻排水量大，其中最大的船隻總長130米，寬50米，排水量為2.5萬噸。

眼界大開

　　鄭和本來姓「馬」而不姓「鄭」，「鄭」姓是他入宮後明成祖朱棣所賜，小名三寶，人稱「三保太監」。

　　鄭和祖籍雲南昆明市晉寧縣，回族。他受父輩的薰陶，小時就知道一些外洋的情況，《鄭和家譜》稱他「才負經緯，文通虔誠的孔孟」，具有豐富的地理知識，辦事謹密，有謀略，懂兵法。鄭和是虔誠的伊斯蘭教徒，這為他七下西洋打下了基礎。

13 徐霞客岩洞探險

中國明代有位地理學家，叫徐霞客。他從小就對山川地理十分感興趣，且地理知識豐富，十分喜歡遊覽和探險。

1637年正月，徐霞客來到了湖南衡陽，並準備遊覽湖南茶陵麻葉洞，於是，他就向當地的老百姓打聽一下有關這個麻葉洞的有關情況，一位老百姓告訴他：「麻葉洞裡有神龍虎怪，從來沒人敢進去。」說完，他還奉勸徐霞客千萬不要去那冒險。

但，出乎意料的是，徐霞客不但沒有被嚇住，反而顯得非常高興，因為他向來喜歡搜尋奇險美景。之後，他就和僕人一道舉著火把進洞探險。

進去之後，他仔細查看了洞穴的結構，並沒有發現什麼妖魔鬼怪，而是發現了千姿百態的石灰岩地形，有石鐘乳、石筍、石柱等。

當他安全返回洞口之後，他就把他在洞中所見的一切告訴了當地的老百姓，並一再告訴他們洞中絕對沒有妖魔。

知識點睛

中國南方氣候潮濕，石灰岩接觸或滲進了含有二氧化碳的水，就會發生化學反應，引起石灰岩溶解。

經過漫長的地質年代，石灰岩被塑造成千姿百態的峰林、洞穴、窪地等。地理學上對此有個統一名稱，叫喀斯特地貌（舊稱岩溶地貌）。

眼界大開

徐霞客經過30多年旅行，寫有天台山、雁蕩山、黃山、廬山等名山遊記17篇和《浙遊日記》、《江右遊日記》、《楚遊日記》、《粵西遊日記》、《黔遊日記》、《滇遊日記》等著作，除佚散者外，遺有60餘萬字遊記資料。

過世後，由他人整理成《徐霞客遊記》。世傳本有10卷、12卷、20卷等數種。主要按日記記述作者1613～1639年間旅行觀察所得，對地理、水文、地質、植物等現象，都做出了詳細記錄，在地理學和文學上卓有成就。

14 神祕消失的一天

在麥哲倫第一次環球航行時，有一艘船中途溜走，三艘船葬身海底，麥哲倫本人在1521年4月27日的一次戰鬥中犧牲，剩下唯一的小船——維多利亞號，在埃里・卡諾的指揮下，依然頑強地向西挺進。

經過3年的艱苦奮鬥，維多利亞號上的船員們克服了難以想像的困難，終於繞過非洲，勝利到達佛德角群島。這時船員們異常興奮，因為用不了多久，他們就要回到西班牙了。這時，埃里・卡諾拿出航海日記，在上面寫道：「1522年7月9日抵達佛德角群島。」就在這時，岩上意外地發生了一場爭吵，船員們和島上居民交談時說出了今天是星期四，結果島上的居民們糾正說：「不，今天是星期五。」船員們感到奇怪，異口同聲地對島上的居民們說：「要知道，今天是9日。」

「不，今天是10日！」居民們更是斬釘截鐵地一口

咬定。

　　這件事被神父們知道了，他們大發脾氣，責備船員們在宗教上犯下了一個不可饒恕的罪過。因為他們認為，由於記錯了日子，船員們在海上一定把宗教的節日都錯過了，在應該吃齋的日子都吃了肉。這點對於虔誠的教徒來說，簡直是不可饒恕的。然而，船員們並不認錯，他們賭咒發誓說：「日子沒有記錯。」於是，埃里・卡諾把航海日記攤開來看，的確每天都記了日記，沒有錯過一天。那麼，這一天之差是怎樣造成的呢？

　　這一天之差包含著一種很少為人所知的科學原理。因為地球是自西向東自轉的，它的這種有規律的自轉，造成地球上任何一個地點每天24小時的時間迴圈。但這種迴圈只適用於相對於地球不動或小範圍運動的物件，而對那些繞地球緯線方向作長距離運動的人來說，一天不再是24小時，而稍長於或稍短於24小時。航海家們自西向東航行，地球亦不停地自西向東旋轉，他們好像一直在追逐著下沉的太陽。因此，夜晚總是比白天遲一點來臨，這就等於延長了船上的白晝時間。如果逆著地球自轉的方向航行，航船上的白晝時間就相應的短些。

　　據當時計算，在維多利亞號船上每天要比24小時長兩分鐘左右，這兩分鐘與24小時相比微不足道，況且當時又無準確的計時儀器，一般人都覺察不出來。但是，

他們在船上都航行了三年多，這數以千計的兩分鐘的積累足以湊成一天，於是船員們就不知不覺地將這一天丟失了。

知識點睛

「國際換日線」在人煙稀少的180°經線附近，處於亞美兩大洲之間。它從北極開始，經過白令海峽，穿過太平洋，直到南極為止。

當輪船或飛機越過這條線時，就需要嚴守以下規定：從西向東穿越這條線，要把同一天計算兩次。也就是說，如果某天你自西向東越過這條線，第二天還是這天。你如果要從東向西跨越這條線，就要把日子跳過一天。

眼界大開

世界時區的劃分以本初子午線為標準。從西經7.5°到東經7.5°（經度間隔為15°）為零地區。由零時區的兩個邊界分別向東和向西，每隔經度15°劃一個時區，東、西各劃出12個時區，東十二時區與西十二時區相重合；全球共劃分成24個時區。

Part

2

那些奇特的地理奇觀

大自然是美麗的，更是神祕的，甚至是莫測的。如果你是一個充滿好奇，並且求知慾很強的人，你一定很想知道許多平時少見的地理奇觀，並且也非常想弄明白他們究竟是怎麼回事。例如，神祕的「狗死洞」、奇妙的閃電攝影、救死扶傷的「聖泉」、神祕的球形閃電、人體自焚的火炬島、色鬼般的「魔洞」、美麗極光、海市蜃樓、神奇的天文蛋、五彩的雪花、施展「迷魂陣」的村莊，等等。

本章所寫的都是你在課本中讀不到的，並且會令你十分感興趣的地理奇觀，進而能啟迪你的心智，幫助你豐富課外學習生活，享受博學多才、陶冶性情的樂趣，同時又能滿足你求知的慾望，培養你好學的精神。

01 從山谷飄起來的帽子

夏日的一天，一群遊客正在重慶市縉雲山捨身崖上欣賞著美景，導遊對他們說：「如果有人問你，『當你站在山崖上往山谷扔東西時，你的東西會掉下山崖嗎？』我想你肯定會回答：『當然會的！』通常而言，這個答案是正確的。但是，也有個例外，你知道嗎？在有的地方，你扔的東西反倒會飄上山崖。」

「不會吧？竟有這樣的事！」遊客們都大惑不解。

「是的，有這樣的事，現在你們所處的地方有時就會這樣。」導遊說道。

「真的嗎？」

「當然是真的。曾經有一天，大約也就是這樣的天氣，一位女遊客情不自禁地揮舞著草帽，並向山下大聲呼喊，卻不慎將草帽『揮』下了山崖。草帽下墜約10餘米後，突然出現了令人驚異的景象。在沒有一絲風的情

況下，緩緩墜落的草卻忽然改變運動方向，晃晃悠悠地向上飄了起來。帽身輕旋著，不知過了多久，在滿崖遊客不敢置信的目光中，它飄升到懸崖上，正好被回過神來的主人伸手抓住了。」

「啊！真是不可思議，那這是什麼原因呢？」遊客不解地問。

導遊答道：「據說，每年夏秋兩季天氣晴朗時，在崖邊特定的地方，向下丟重量輕的東西都會出現這種令人驚歎的場景。但一出了特定的地域，這種奇景便會消失。」

「捨身崖是一座海拔1000米的凹形懸崖，而飄物奇觀只發生在懸崖的凹陷處。有關專家認為，形成這個現象的原因估計與山中的氣流抬升及地形有很大關係。」

「哦，原來是這樣！」遊客們恍然大悟。

捨身崖位於日觀峰南，又名愛身崖，三面都十分陡峭，下邊就是深淵。古時常常有人祈求神靈，顯其誠心，跳崖獻身，以求神靈祛父母病災。明萬曆初年巡撫何起鳴為防這種無謂之死，便在崖側築牆阻攔，又把這裡更名為愛身崖。清康熙年間又有知泰安州事張奇逢重修圍

牆，而且派更夫守護。1965年在圍牆南端開了一個圓門並順崖畔建了憑眺石欄。崖上有一塊巨石，高約3.3米，石旁大書「瞻魯台」，又稱幡杆石。

石上有1983年趙朴初題的「造化鐘神秀」、周而複題「煙橫雲倚」等題刻。石東北有平坦巨石在懸崖邊上，稱為可止台，上邊有宋代政和年間題名。崖南壁半腰有石龕造像，內雕文殊騎獅，粗獷凝重，疑為北宋造像。

左側3米處有「元二年（1087年）禹城縣、應王府、雍丘縣、鄆城衡政」等題刻；右側5米處有題刻「入內內侍省內侍高品皇甫繼明、入內內侍省內兩頭供奉官周德政、右司諫直史李迪」等。

眼界大開

貴州省三都縣有一座登趕山，這座山特別奇怪，滿山都長滿了綠樹雜草，而唯獨山腰上裸露出一塊崖壁。更奇怪的是，這塊崖壁每隔30年就會自動掉落出一些石蛋，因此當地人都習慣把它叫做產蛋崖。

產蛋崖，長20多米，高6米，表面極不平整，在高處，幾塊巨大而尖利的岩石橫亙著，極為險峻。而石蛋就在相對凹進去的崖壁上安靜地孕育著，有的剛剛露頭；有的已經生出了一半；有的已經發育成熟，眼看就要與山體分離。

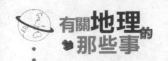

02 「聽話」的巨石

在印度馬哈拉斯特拉邦一個村莊裡，有一座神奇的祠廟，蘇菲派教徒聖人卡瑪‧阿利‧達爾凡老人的遺體就埋葬在這座祠廟裡。

在祠廟門口有兩塊岩石，讓人不可思議的是，一天，一個人經過此地，並叫喊著卡瑪‧阿利‧達爾凡的名字時，這兩塊岩石居然隨著叫喊聲飄然而起，他不停地叫著那名字，這兩塊石頭就不停地飄起。

他的發現引起了當地人的注意。之後，大家還發現這兩塊貼得很近的岩石，只許男人靠近，女人是不能接近它們的。

兩塊岩石中，最大的一塊約重70公斤，另一塊稍輕一些。倘若想讓石頭升空，需要很多人用右手的手指指著岩石，同時異口同聲不間斷地呼喊著「卡瑪‧阿利‧達爾凡」，這時，岩石便會騰空而起，甚至可上升至約

2米的高度，懸在空中，直到喊聲停止才會落回地面。如果大家不遵循這個步驟，那岩石只會飄起，而不會升起來。

據記載，這巨石的升空方法是達爾凡生前透露給人們的。800年前，聖祠所在地原是一座健身房，那兩塊巨石是供摔跤手練習使用的。

兒時的達爾凡經常光顧這裡，他常常顯示出自己過敏的生命機能和超人的力氣。

過了許多年，健身房拆除後，達爾凡這位伊斯蘭教徒對周圍的人說出了這樣的祕密：「那兩塊巨石任你們使出全身力氣也未必能舉起，除非你們重複叫我的名字。」

他還告訴人們，用1根右手手指就可使那塊大的巨石升空，而那塊小的岩石只需用9根手指頭同樣也能使它升起。至於更多的祕密，達爾凡隻字未提。

眼界大開

　　湖南省新甯縣萬峰山腳下，有一個一喊便出水、不喊水斷流的岩洞。洞高8米，寬4米，洞口稍向內傾斜。洞內10米處有一石台，高約1.5米，石台連著洞壁。當人們在石台前大喊幾聲，或者是用物敲擊石壁時，約兩分鐘的時間，洞壁縫隙中便有碗口粗的清泉緩緩流出，持續5分鐘後漸小，然後斷流，如果再喊，泉流複出。這被人們稱為「喊泉」。

03 神祕的「狗死洞」

　　一天，一位來自異國他鄉的旅遊者來到那不勒斯城附近的郊區，當他在山坡上準備休息時，發現前面有一個山洞，看樣子好像沒有人來過。在好奇心驅使下，他顧不得休息，便牽著狗進了山洞。

　　在昏暗的光線中，這個旅遊者看到洞內怪石林立，洞頂倒懸著大大小小的鐘乳石，地上石筍崢嶸，岩石裂縫中還不斷地冒著氣泡。真是個美妙的仙境啊！他情不自禁地發出這樣的感歎。同時，他又想：有這麼好的地方，當地人為什麼不把它開闢成新的旅遊點呢？

　　當他正在興致勃勃地觀察時，手中牽著的狗卻突然狂吠不止，而且拼命掙扎，想掙脫繩子往外跑。他以為是狗發現了什麼東西，便劃燃火柴，低頭彎腰仔細察看地面，但剛一彎腰火柴就熄滅了，一連劃了幾根都是如此。與此同時，他也感到胸悶、呼吸困難，嚇得他趕緊

牽著狗跑出山洞。

難道洞內有什麼怪物嗎？還是有什麼毒氣呢？為了弄個明白，他就到離這個山洞最近的村莊去打聽。村民們告訴他這個山洞他們早就知道，以前有人進去過，但後來就沒有人敢進去了。

因為他們養的狗進了這個洞，很少有生還的。後來人們大著膽子進去尋找，發現狗僵死在地上，身上卻毫無傷痕。於是，請人來調查，結果也不了了之。因此他們便稱這個洞為「狗死洞」。儘管裡面怪石林立，但大家都不願再進去玩。

這個旅遊者聽後覺得不甚滿意，但村民的這些話卻引起了他的思索：狗死無傷，可以肯定不是被什麼怪物咬死的。但為什麼他牽的狗要掙扎著往外跑呢？這其間的原因究竟在哪裡呢？他實在是困惑不解。後來，他想起洞內有鐘乳石和石筍，進而可以肯定這是個石灰岩的溶洞。

石灰岩（主要成分是碳酸鈣）遇到地下水，會分解出二氧化碳，從山洞的岩石縫中冒出來的氣泡，就是二氧化碳氣體。

二氧化碳比空氣重，聚集在山洞底部，狗比人矮，就處於二氧化碳氣體的包圍之中，時間一長當然會窒息而死。人彎腰低頭也會感到呼吸困難，火柴會自行熄滅。

知識點睛

　　山洞是有冷又有熱的，為什麼會這樣呢？原因就在於冷、暖空氣比重不同的緣故。冷空氣較重而下沉，暖空氣較輕而上升。

　　洞口向下的山洞裡，較輕的暖空氣充塞其中，不能流出，因而格外顯得溫暖，成為「暖洞」；洞口朝上的山洞裡，冷空氣鑽入洞內，越積越多，好像天然的冷空氣庫，這樣的山洞就成了「冷洞」。

眼界大開

　　義大利那不勒斯和瓦維爾諾附近有個死亡谷，它專奪取動物的生命，對人體卻無損，被稱為「動物的墓場」。據統計，每年在此死於非命的動物多達3萬多頭。

　　印尼爪哇島上地有個奇異的死亡谷，它由6個巨大的山洞組成，只要人和動物靠近山洞，就會被一股無形的力量吸入洞口，眼睜睜丟掉性命。遠遠望去，洞裡屍骨如山。

04 沙漠哭聲

1887年的一天，有一支探險隊進入撒哈拉沙漠探險。當他們正在行進之時，隊員們忽然聽到一種如泣似訴的哀婉聲音。

可待他們舉目望去，廣漠的空間中除了他們自己外並沒有其他人。一陣風吹過，那哀婉的聲音似乎更加悠長，無限淒涼，這神祕的聲音讓人毛骨悚然。當時探險隊員還以為遇上了妖魔鬼怪，心驚膽顫地撤出了沙漠。

幾年後，科學家拉爾夫·巴格諾爾德也進入沙漠進行考察。他也聽到一種低啞的聲音忽然在黑夜裡響起，但他環視四周，卻沒見到任何動靜。幾分鐘後，這種奇異的聲音逐漸變大，由低啞漸漸變成尖銳，以致淹沒了人們正常的說話聲，讓人聽了寒毛直豎。就在他所待的那一個月中，這種聲音出現多達6次，尤其在白天多風之後的平靜夜晚更是容易出現。

　　後來，他們才知道，原來發出聲響的並不是沙漠的魔鬼，而是移動的沙子，它們在移動的過程中能夠發出神奇的聲音，因此，它們也被稱為「鳴沙」。

　　鳴沙，就是會發出聲響的沙子。鳴沙是世界上普遍存在的一種自然現象。美國的長島、馬塞諸塞灣、威力斯河兩岸，英國的諾森伯蘭海岸：丹麥的波恩賀爾姆島，波蘭的科爾堡，還有蒙古戈壁灘，智利阿塔卡瑪沙漠，沙烏地阿拉伯的一些沙灘和沙漠，都會發出奇特的聲響。據說，世界上已經發現了100多種類似的沙灘和沙漠。

　　鳴沙這種自然現象在世界上不僅分佈廣，而且沙子發出的聲音也是多種多樣的。比如說，在美國夏威夷群島的高阿夷島上的沙子，會發出一陣陣好像狗叫一樣的聲音，所以人們稱它是「犬吠沙」。

　　蘇格蘭愛格島上的沙子，卻能發出一種尖銳響亮的聲音，就好像食指在拉緊的絲弦上彈了一下。從中國的鳴沙山上滾下來，那沙子就會像竺可楨描述的那樣「發出轟隆的巨響，像打雷一樣」。

　　這樣，有了這些瞭解後，探險隊員們以後到沙漠中探險再也不會感到害怕了。

068

鳴沙發出聲響，有三個條件：

第一個條件是沙丘又高大又陡峭。第二個條件是背風向陽，背風坡沙面還必須是月牙形狀的。第三個條件是沙丘底下一定要有水滲出，形成泉和潭，或者有大的乾河槽。由於空氣濕度、溫度和風的速度經常在變化，不斷影響著沙粒響聲的頻率和「共鳴箱」的結構，再加上策動力和沙子本身帶有的頻率的變化，鳴沙的響聲也會經常變化。人們有時候在下雨天去看鳴沙，發現鳴沙不會發出聲響，正是由於溫度和濕度的改變，把鳴沙的「共鳴箱」結構破壞了。

眼界大開

關於鳴沙現象，歷史上還有一個美妙的傳說。古時候有一位大將軍，率領軍隊出征時，來到現在甘肅的鳴沙山，並在那裡宿營。當天晚上，天氣突然發生變化，刮起了狂風，捲起了漫天的黃沙。這時，全營的官兵們都被埋在厚厚的黃沙下，於是，形成了一座沙山。後來，每當人們聽到那山上的沙子傳來的一陣陣鼓角聲，人們就會說，我們古代的大將軍又在領兵行軍打仗啦！

05 天降動物

　　個星期天的飯後，玲玲正準備出門和爸爸到圖書城買書，可不巧的是，天突然下起了大雨。這令玲玲十分不高興，她對爸爸說：「我討厭死雨了！」聽她這麼一說，爸爸就知道她肯定心情很不好了。於是他對玲玲說：「玲玲，妳知道嗎？天上還會下動物雨呢！妳有沒有興趣瞭解一下呢？」

　　「怎麼可能呢？可我怎麼沒見到過呢？」玲玲對爸爸的話感到十分的懷疑。

　　「不相信，我們一起來上網看看！」

　　說完，爸爸就和玲玲走進書房打開電腦上網一查。果然，在網頁上玲玲看到了這樣的內容：1687年，在巴爾蒂克海東岸的麥默爾城下起了一場奇怪的雨，大片大片的黑色的纖維狀物質落在剛落滿白雪的地上。

　　它們的氣味像潮濕腐爛的海藻，撕起來就像撕紙一

樣，待它們乾透以後，就沒有氣味兒了。一部分絮片被保留了150年，後來，經過化驗發現其中含有部分蔬菜一樣的物質，主要是綠色絲狀海藻，還含有29種纖毛蟲。

1794年，法國的一個小村莊突然下起一場大暴雨，令人吃驚的是，接著開始有大量的蟾蜍從天而降，它們的個頭兒很小，只有榛子那麼大，蹦得滿地都是。

人們都不相信這無數的蟾蜍是隨著雨水降下來的。他們展開手帕，撐起舉過頭頂，果然接到了許多小蟾蜍，許多還帶著小尾巴，像蝌蚪一樣。

在半小時的暴雨當中，人們明顯感覺到一股由蟾蜍帶來的風吹向他們的帽子和衣服。

在中國也發生過類似的現象。1988年5月1日下午，河南省桐柏縣彭莊村忽然刮起7級大風，半小時後，發現在一個小山坳裡隨雨落下許多黑褐色的小蟾蜍。

最稠密的地方每平方米有90隻至110隻，雨後這些小動物紛紛向附近池塘蹦去。

除了這令人吃驚的蟾蜍雨外，天空還下過青蛙雨。1814年8月的一個星期天，在經過長時間的乾旱和炎熱之後，離阿門斯1.6公里遠的弗雷蒙村於下午3點30分下起了暴雨。

暴雨過後刮起的大風使附近的教堂都搖晃了，嚇壞了教堂裡的信徒。在橫穿教堂與神父宅邸間的廣場時，

信徒們渾身上下都被雨打濕了，更令人驚訝的是，他們的身上、衣服上到處都爬滿了小青蛙，地面上也有許多的小青蛙到處亂跳。

除此之外，天空也還下過魚雨。如1859年2月9日11時，英國格拉摩根郡下了一陣大雨，雨中夾雜著許多小魚。1861年2月16日，新加坡島發生了一場地震，地震過後連續下了3天暴雨。

過了3天，地面上的雨水都乾了，卻發現在乾裂的水窪中有大量的死魚。生物學家將這些小動物拿來檢驗，辨別出是鯰魚。

這種魚生活在新加坡島淡水湖泊、河流中，在馬來半島蘇門答臘等地也會見到。1949年10月20日早晨，在美國路易斯安那州馬克斯維也下過一次魚雨，生物學家巴伊科夫還親自收集了一大瓶標本。

「啊！真是不可思議呀！」看完之後，玲玲深深感歎道。

知識點睛

　　自然界中除下動物雨外，也還會下許多稀奇古怪的雨，如紅雨、黃雨、綠雨、藍雨，還有「錢幣雨」、「蘋果雨」、「報時雨」、「計時雨」等等，粗略統計有180多種之多。

眼界大開

　　天空會下這麼多奇奇怪怪的雨，這充分說明了自然界的無比神奇。這都會吸引著我們去更深刻地探索自然的各種奧祕。

06 海之路

一次，小偉聽地理老師說：「韓國有個珍島，是韓國的第三大島，面積446平方公里。

每到春季，珍島就會出現兩次因潮汐漲落而形成的海水退位、道路出現的奇觀。」聽老師這麼一說後，小偉對那裡真是神往不已。於是，他極力要求爸爸媽媽在春天帶他去看看。

爸爸媽媽答應了他的要求，他們一同去了那裡，並看到他神往已久的情景：那天，珍島海水水面漸漸下降，直到第二天下午5時左右，夕陽燦爛，滔滔海水完全退盡，竟出現了一條寬約40米、長約3000米的平坦大道，這條大道把珍島同鄰近的莫杜島連接了起來。

見此情形，兩個島的居民紛紛沿著海底的平坦大道，來到對岸，互相問候。孩子們也奔跑嬉戲，在路上的小水窪中拾海鮮。

20分鐘後，海水返回，波濤一浪高過一浪，海底大道越來越窄。最後海水從兩側完全合攏，海峽茫茫一片，一切如舊。這片海水從退去到復原，全過程約持續31小時10分鐘，當地居民因此而大享其樂。

後來，小偉才知道，這種海上奇觀的出現是由於獨特的潮汐作用引起的。

知識點睛

1975年，法國駐韓國大使皮埃爾·蘭德來島上考察，剛好遇到「海路」出現，他目睹奇觀，感歎說：「這真是韓國版的『摩西奇蹟』！」

原來，在《聖經》中有這樣一段關於摩西的記載：摩西遭遇了兇險，在前有紅海阻擋、後有追兵逼近的生死關頭，上帝吩咐摩西向大海揮動神杖，結果海水分開，摩西化險為夷。

回國後，法國大使皮埃爾·蘭德在報上發表了觀感，於是，韓國版「摩西奇蹟」的名聲便遠播世界，為珍島帶來了越來越多的遊客。

眼界大開

　　與潮汐關係最密切的，莫過於航海了。在淺水海灣，
稍大一些的船隻要在漲潮時才能進進出出。順著潮流航
行時，船隻在順水中行走，變得快速輕捷，消耗的能量
也極少。逆著潮流航行時，船的速度就要緩慢得多，能
源也耗費得多。難怪在港口碼頭定期發運的船隻開船的
時間，不能像火車一樣規定得死板板的，而是每天要推
遲一些時間，因為漲潮的時間每天在推遲。

07 和太陽打招呼的石像

課堂上，老師讓同學們分別來介紹一下他們所瞭解的埃及文明。同學們都紛紛發言，你一言我一語地介紹了許許多多有關埃及的神奇之事。其中，有埃及金字塔、獅身人面像、埃及法老的詛咒，等等。

同學們覺得也許埃及文明差不多就止於此了。可老師說：「其實埃及的神奇遠遠不止於此。這裡還有一尊能和太陽打招呼的石像——古埃及王阿門赫替普三世的石像。這尊石像的奇特之處就在於它具有一種神力。」

「一個早上，太陽剛剛升起，有個人正好路經此地，卻驚訝地聽到這石像用類似古埃及的語言向太陽喊道：『喂！埃及王的石像，向尊貴的太陽神打個招呼！』

「聽後，他當場就嚇了一跳。之後，他就將這件怪事告訴了其他的人。於是，人們都開始關注這塊神奇的石像。後來，人們總結，每當旭日東昇之時，石像就會

有規律地向太陽喊出那人當初聽到的那句話，且一字都不差。」同學們聽完老師的介紹之後，感到十分有趣又受益匪淺。

知識點睛

古埃及王阿門赫替普三世的石像，古埃及尼羅河畔，它是一尊巨型石像，高2米，建於1400年。

經科學家調查發現，這個石像的內部是空的。因此，有的科學家認為：當太陽升起時，石像裡的空氣因吸收陽光的熱能而自行膨脹，然後空氣不斷地從石像的裂縫中向外滲出，於是就發出了如同現代的汽笛一樣的吼聲。但是，石像為何能發出如人一般的喊聲，並喊出如此神祕而清晰的一句話？這其中的奧祕至今還無人知曉。

眼界大開

埃及是個有著七千年歷史的文明古國，與黃河流域的中國、恆河流域的印度、兩河流域的巴比倫同為世界四大文明古國。

埃及地跨亞、非兩大洲，大部分國土位於非洲東北部，蘇伊士運河以東的西奈半島位於亞洲西南部。北瀕

地中海，南接蘇丹，東臨紅海並與巴勒斯坦、以色列接壤，西臨利比亞。海岸線長2700公里左右，全國面積1002.3萬平方公里。

首都開羅，人口有1500萬，是非洲最大的城市。埃及旅遊資源豐富，旅遊事業發達，除了著名的金字塔、尼羅河、獅身人面像等，它獨特的阿拉伯的風土人情也是獨具特色的。

08 發光的土地

一天，爺爺對祥祥說：「湖北神農架林區老君山山腳下的戴家山上有塊神奇的土地，這塊土地，會突然發出一束強烈的白光，直刺得人睜不開眼睛。且這束光照在對面相隔200多米的山上，竟比太陽光還要明亮。白光不定時地照射過來，每次大約持續兩三分鐘。就在這塊土地上，有位農民還曾經挖出一個奇怪的洞，洞裡有一堆雞蛋形的土蛋。每個土蛋均有3個雞蛋合起來那麼大，砸開土蛋，裡面全是土。而更令人感到奇怪的是，如你前一天挖開一個洞，過一夜這個洞會被神祕地堵上。現在人們在山上修了梯田，但這塊地有時仍能發出白光來。」

「爺爺，你知道這土地為什麼會發光嗎？」祥祥好奇問道。

爺爺說：「這個目前還沒有人能解釋，不過據當地

的人們反映，這塊土地發光一般在每年的2月或8月的晴天的中午。其他時候幾乎沒有這種可能。」

聽爺爺這麼一說，祥祥更感到好奇了。

 **知識點睛**

土壤的組成包括礦物質、有機質、水分和空氣四種物質。土壤的主要特徵是具有不斷地供給和調節植物生活中所需要的水分、養分、空氣和熱量的能力，即土壤肥力。肥沃的土壤能夠使水、肥、氣、熱條件達到穩、均、足、適的程度，並且能在一定程度上抵抗惡劣自然條件的影響，適應植物生長的需要。自人類開創農業以來，土壤即是農業生產的基本生產資料之一。

 **眼界大開**

神農架還有野人，這三千年以前的古籍中早有記載。在神農架山區，目擊野人的達數百人之多，人們看見的以紅毛野人為最多，也有麻色和棕色毛的，有少數目擊者甚至撞見過白毛野人。從目擊者講述的情況中，有的看見被打死的野人，有的挨過打，有的看見野人被活捉，有的被野人抓後又逃了回來，還有人看見野人在流淚，也有野人向野人拍手表示友好。

09 火山噴冰怪事

一天，小鐘和爸爸在看新聞，裡面有個報導說有某某火山爆發了。於是，爸爸趁機想考考小鐘。

「小鐘，你知道火山爆發時噴發出來的是什麼嗎？」

「當然知道，書上說是熾熱的岩漿和氣體。」小鐘不以為然地答道。

「真是，都是這樣嗎？告訴你吧，一般情況下，火山噴射的本應是熾熱的岩漿和氣體。可是，在冰島南部的格里斯維特的一座火山不這樣，它噴出來的居然是冰。」

「是嗎，我可不相信，除非你有事實證明。」

「事實就在網上，你自己去查查看，明天把你查的資料拿給爸爸看。」

第二天，小鐘到圖書館終於查到了有關這個火山噴冰的介紹。書上是這樣寫的：「1982年的一天，當地的

很多人有幸目睹了格里斯維特火山噴射的壯觀景象。

「那天，火山噴發時，他們不僅沒有看到騰空而起的氣霧和煙塵，也沒有看到滾燙的岩漿噴湧而出，而是看到一塊塊冰塊被拋向高空。

而且那冰塊噴射而出，以平均每秒鐘420立方米的速度，噴出冰塊420立方米，最猛烈時，每秒鐘噴冰竟可達2000立方米。這一次火山爆發，共噴出了13立方公里的冰塊，真是壯觀無比。」

知識點睛

冰島是個多冰川、多火山的國家，冰川、雪峰簇擁在火山口附近。

有時，一邊是火山爆發，火山灰與岩漿噴湧而出；一邊卻仍是冰天雪地。有時，火山在冰川下突然爆發，如果冰層立即融化，就形成飛泉瀑布，甚至引起山洪暴發；如果冰層來不及融化，就會被拋向高空，形成火山噴冰的壯觀景象。

義大利西西里島的埃特納火山是一座噴金的火山。這座火山每天的噴出物中約有2.4公斤的金子和9公斤的銀子，它們和其他一些噴發物以氣體狀態噴入五六十米的高空，在空中冷卻後再以粉末狀降到地面和地中海，但是現有的技術水準還難以回收。

在拉丁美洲巴巴多斯島東部5000米的深海處，一座噴泥的火山，在寬約1000米的橢圓形火山口內，人們看到的不是沸騰的岩漿，而是翻滾著的泥漿。整個火山口由一層密密麻麻的黃色細菌所覆蓋。

在哈薩克斯坦的緬布拉克山谷，有一座奇特的火山，它的火山口直徑有1000多米，噴出來的不是岩漿，也不是火與灰，而是水，所以火山口周圍長滿了各式各樣的植物。

083

10 球形閃電

　　　　一天，小磊在一本科學百科書上看到幾段這樣有
趣的文字：1981年的一天，一架「伊爾－18」
客機從黑海之濱的索契市出發。

　　當時天氣很好，雷雨雲遠離飛行線40公里。當飛機
升到1200米高空時，一個直徑約為10釐米的火球——球
形閃電，突然闖入飛機駕駛艙，在發生了震耳欲聾的爆
炸後隨即消失。可是幾秒鐘後，閃電卻令人難以置信地
通過密封金屬艙壁，在乘客座艙內重新出現。

　　它從亂作一團的乘客頭上緩慢地飄過，到達後艙時，
又猛地裂成兩個光亮的半月形，隨後又合併在一起，發
出不大的聲響後離開了飛機。

　　駕駛員立即讓飛機著陸作安全檢查，結果發現在球
形閃電進入和離開的地方——飛機頭外殼板和尾部各有
一個大窟窿，但飛機內壁沒有任何損傷，乘客也沒有受

到任何傷害。

19世紀法國著名的學者弗拉馬里翁，有一次，見到一個球狀閃電闖進了他家一個房間的壁爐裡，隨後又滾到地板上，它好像一隻蜷伏成團的閃光「小貓」滾到屋主人的腳邊，似乎要和他玩耍一般。

驚慌失措的他，害怕得往後退縮，火球卻如玩魔術般地跟著他走，並升到他臉部附近的空間。他竭盡可能地把頭側向一旁，火球便發出劈啪聲飛上了天花板，進而轉向房屋的煙筒口飛去。

這洞當時是用紙糊著的，火球從容地穿過了紙層，鑽進了煙囪。突然，響起了震耳欲聾的爆炸聲，之後便消失了，煙囪也隨即倒塌，屋子裡到處都是散落的煙囪的碎片。

某一天，在前蘇聯的某農莊，有兩個孩子在牛棚的屋簷下避雨。這時雷鳴電閃，忽然天空中飄下了一個橘紅色的火球，首先在一棵大樹頂上跳來跳去，最後落到地面，滾向牛棚。火球好像燒紅了的鋼水似的，不斷冒著火星。兩個小孩嚇得一動也不敢動。當火球滾到他們腳前時，年紀較小的一個，還很不懂事，他忍不住用力猛踢了火球一腳，轟隆一聲，奇怪的火球爆炸了，兩個小孩當即被震倒在地，但兩人都沒有受傷，牛棚裡的12頭牛則僅有1頭倖存，且並未受傷。

「啊！原來閃電還有球形的，並且這麼神奇，真是太不可思議了！」小磊不禁感歎道。

於是，他再接著從別的書上查看有關這球形閃電的介紹。從一些書的介紹中，他得知，這種閃電出現地十分少，但半個世紀以來，人們共記錄了4000多次這種閃電現象。

球狀閃電通常都在雷暴之下發生，它十分光亮，略呈圓球形，直徑大約是20～50cm。通常它只會維持數秒，但也有維持了1～2分鐘的紀錄。

更神奇的是它可以在空氣中獨立而緩慢地移動。有少數目擊者說它會隨著金屬物品走，例如電話線，但多數人都說它的路徑不定。

絕大部分目擊者都說它是橫向移動的。在它短短幾秒的生命中，它的光度、形狀和大小都保持不變。

自然界中還存在著地球形閃電更奇特的樹形閃電。1989年8月27日凌晨四點，四川南川縣金佛山水電廠的總指揮胡德厚發現，離他不遠的一個山坳異常明亮，光亮呈扇形，頂部彷彿一瓣一瓣的，非常像蓮花，估計高約四五丈；顏色白中略帶紅色，下部明亮，頂部較淡；光亮度比汽車前燈還要強得多，但光亮朝天空散射，照射不開，四周依然黑暗。

隨著一聲巨大的雷響，閃電中，只見光亮中間好似一株傘形的樹，青枝綠葉，奇美異常。

11 人體自燃的火炬島

聽說在加拿大北部的帕爾斯奇湖北邊，有一個僅1平方米的小島，當地人視之為火炬島。人只要踏上小島，就會無緣無故自焚起來。

於是，1984年的一天，加拿大普森量理工大學的伊爾福德組織了一個考察組，在火炬島附近進行調查。之前，他們進行了分析，認為火炬島上的人體焚燒之謎，是一種電學或光學現象。

這一觀點即遭到考察組的另一位專家——哈皮瓦利教授的反對：既然如此，小島上為什麼會生長著青蔥的樹木？並且，在探測中還發現有飛禽走獸。

哈皮瓦利認為：可能是島上某些地段存在某種易燃物質，當人進入該地段後，便會著火燃燒。

正因為他們都認為這種自焚現象是由某種外部因素引起的，為了安全起見，他們就都穿上了用特別的絕緣

耐高溫材料做成的服裝，來到了火炬島上。

上島之後，他們並沒有發現什麼怪異的地方。然而，就在兩個小時的考察即將結束時，考察組成員萊克夫人突然說她心裡發熱，一會兒又嚷腹部發燒。聽她這麼一說，全組的人都有幾分驚慌。伊爾福德立即叫大家迅速從原路撤回。

隊伍剛剛往後撤，可走在最前面的萊克夫人卻忽然驚叫起來。他們尋聲望去，只見陣陣煙霧從萊克夫人的口鼻中噴出來，接著聞到一股燒焦的肉味。

待焚燒結束後，那套耐火服裝居然完好無損，而萊克夫人的軀體已化為焦炭。

後來，伊爾福德教授回憶此事說：「萊克夫人一開始就走在隊伍的最前面，我們並沒有發現任何異常，那時的燃燒是漸漸發生的。當時，那套耐高溫衣服完好無損，而萊克夫人卻化為灰燼。」

知識點睛

加拿大物理學院的布魯斯特教授認為，當時的自燃現象是由於人體內部的原因造成的。但伊爾福德則還是持反對意見，他堅持認為這應是外部原因所致。

自1984年到1992年，共有6個考察隊前往火炬島，每

次都有人喪生。

　　於是，當地政府就嚴禁任何人再次踏入火炬島。雖然人們對這個神祕而又恐怖的小島充滿著無限的好奇，但誰也無法解開其間的謎團。

眼界大開

　　一個好端端的人，竟會無緣無故由體內燃起大火，頃刻間即化為灰燼，這種奇異的「人體自焚」現象，至今仍是未解之謎。

　　據說全世界有記載的人體自焚現象已達220多例，男女均有，年齡最小的4個月、最大的114歲。

　　是什麼原因造成人體自焚？科學界對此眾說紛紜，莫衷一是。有的認為是虛假報導；有的認為是某種天然的「電流體」造成了體內可燃物質燃燒，而「電流體」為何物，不得而知；也有人認為是這些人體內磷質積累過多的結果；還有一種理解是「球形閃電」作惡，等等。

12 瞬間消失的積雪

聽說羅布泊是一個充滿死亡的沙漠，這令一個科考隊十分神往，他們決定要對羅布泊進行一次徹底的探究。

2001年1月4日凌晨3時左右，羅布泊沙漠開始下雪。直到第二天中午12時，這個科考隊到達小河墓地前200米左右時，雪突然停了，沙丘上均勻地覆蓋著約5～10釐米的積雪，且茫茫無涯。

然而，過了20分鐘左右，奇怪的事情發生了：就在科考隊手忙腳亂地從沙漠車上卸下器材設備，開始向小河墓地靠近的時候，卻發現腳下踩的不再是雪地，而是乾爽的沙地，再遠望四周，一眼望不到邊的沙漠中沒有半點雪的影子。

當時的科考隊隊長、中國科學院新疆生態與地理研究所的夏訓誠研究員也無法解釋這種現象。雪轉眼間到

哪兒去了？

　　當地氣溫可一直在零下十四、五攝氏度左右，且那時天氣陰沉，不見陽光，不可能融化這茫茫無涯的積雪，就算是雪化了，沙土也至少應該是濕的，可抓一把土，手感依然乾爽疏鬆，沒有半點濕度可言。真是太奇怪了，這令科考隊的任何一個人都感到十分的驚訝。

　　另外，還令他們感到驚訝的是：羅布沙漠是中國最乾旱的地區。據有關調查測定，這裡的年陣水量平均為每年13毫米，蒸發量高達4000毫米，沙漠中出現降雪天氣已屬罕見，而且還是這種長時間的降雪。

　　羅布泊地區是中國最乾旱的地方之一，全年降水量不到10毫米，不少地方終年滴水不降，而蒸發量卻高達3000毫米以上。偶爾也僅有幾分鐘的陣雨，這種陣雨點大如黃豆粒，卻很稀疏，雨量極少。這裡空氣的相對濕度為零的天數並不罕見。

眼界大開

　　科考隊員們在羅布泊曾發生過一些有趣的事：他們吃剩的酸黃瓜放在地面上僅半天工夫，水分就被蒸發殆盡，成了黃瓜乾；汗水濕透的衣服很快就被吹乾而成為硬梆梆的盔甲；每天晚上脫下的皮鞋第二天清晨就變形穿不上了，使隊員們難以忍受。

　　皮革變形是由於皮革中的一點點水分也被極端乾旱的空氣「掠奪」光了。

13 石怪公園

聽說在義大利的羅馬市北部有一條極為神祕的恐怖山谷，去過那條山谷的人，一進入谷中，便覺得陰風淒淒。四周的砂岩經過長期的風化，形成千奇百怪的模樣，有些像地底下鐘乳石洞裡的鐘乳石，但它的縫隙窟窿卻非常多。

尖厲的風鑽入石窟窿中，發出令人毛骨悚然的怪叫聲，鬼哭狼嚎一般。進去的人常常會被嚇得失魂落魄。

這引起了許多人的興趣，義大利一個民間組織就牽頭組成了一個大型考察隊，決定對這個神祕山谷進行一次全面考察。

這支考察隊深入山谷腹地，終於在一處草木茂盛的荒灘上發現了一群奇怪的巨石。這些千姿百態的巨石怪物遍佈整個荒灘，宛如一座怪石公園。

當他們踏入這個石怪「公園」時，驚奇地發現：迎

面便是一個似人非人、似怪非怪的龐然大物，滿臉堆笑，宛如石怪們的「迎客使者」。在它後面是片叢林，只見昂立著一個頭如牛、眼如鈴的神態猙獰的「巨無霸」。

尤為有趣的是，「巨無霸」口中有一張精巧的小石桌，可供遊人休息歇足。再往前走，是塊碧綠如茵的草地，一頭雄壯的母獅為了保護自己的幼獅，正全力與一條猛龍拼搏。

這組「龍獅大戰圖」極富動感，神態逼真，此外還有端莊秀麗的人魚公主、美麗慈祥的獅身天使等一批賞心悅目的「石怪」。這裡所有的一切景象都讓考察隊員們大吃一驚。

但當時，考察員們又為這個新奇的發現而興奮無比，他們極想弄清這些怪石的來源。

根據當地的情況判斷，這些千奇百怪的石頭絕不是自然形成的，因為周圍盡是砂岩，這是一種極易風化剝蝕的岩石，而這些奇形怪狀的石頭卻是堅硬的花崗石。

可是當地方圓幾百里內幾乎沒有花崗石岩，那麼，它們來自何處呢？並且從這些怪石的造型來看，極像人們現在做的假山，但比人工假山更精巧、險峻，顯得千奇百怪。這更讓考察隊員們感到大惑不解。

後來，這支探險隊將這個「石怪公園」的真相被公之於世，許多旅行家和探險家都趨之若鶩，爭著目睹這

個神祕公園的風采。

但是，這個「石怪公園」建於何時？為何人所建？它是像現代假山一樣用來供人欣賞還是另有別的特殊用途？這些問題至今困惑著人們。

知識點睛

中國的「唐山過台灣」石雕園是世界上最大的主題石雕公園之一。這個石雕園規模宏大，水光山色，風景宜人，分為四個區及閩台民俗館、丹岩景區、天女潭等人文與自然景區。

石雕園以花崗岩為主要材料，採用圓雕、浮雕、刻線雕等各種手法，表達兩岸同根同源、一脈相承的史實。標誌性雕塑為「拓荒」，高18米、重600多噸。

浮雕1200平方米，雕刻人物500多個。這些雕塑分佈於6座山頭，形成完整的故事，既有藝術觀賞性，又有深刻思想內涵。

 眼界大開

在泰山腳下有一個石文化陳列館，館內陳列著一塊自然奇石。這塊石頭高約30到40釐米，形狀好像昂著頭

的海豹，石頭表面有鼓出的密密麻麻的白色的「花蕾」。

這些「花蕾」過不幾天便依次開出一朵朵褐紅色的小花，花朵直徑0.5～2釐米不等。花開敗後，花花相連，便形成一層新的石頭。

14 **救命的死海**

西元70年，羅馬軍統帥狄杜帶軍隊包圍了巴勒斯坦的耶路撒冷城，經過緊張激烈的戰鬥，羅馬軍取得了勝利，抓了大批俘虜。但要如何處置這些俘虜，狄杜為此而大傷腦筋。

經過一番思索，他終於想出了一個奇絕的辦法，那就是把俘虜捆綁起來押送到東部的死海去處決。因為他想，洪水把約旦河中的魚沖進死海後，很快就會全部死亡，整個死海沒有生物，鳥兒也不去，那裡毫無生氣，大概死海的水有毒吧！

於是，狄杜把死海作為刑場，命令士兵把俘虜捆綁起來，運送到死海上並投入海中。

但是，出乎意料的是，戰俘們不但沒有被毒死沉入海底，反而平靜地躺在海上，沒多久便被波濤送回岸邊。狄杜大怒，命令士兵再次將俘虜投入死海，可戰俘仍然

被某種神祕的力量托起，不一會兒又送回岸邊。連投幾次都是如此，見此情景，狄杜由大怒轉為大驚。

他想：在河中生活的魚不慎沖入此海都不免一死，這些在大陸生活的人拋入此海竟能浮起生還，這一定是神靈在保佑他們。

雖然，狄杜當時叱吒風雲，但還是不敢與神靈作對。於是，他趕緊把這些俘虜全部都釋放了。

知識點睛

死海是個鹹水湖，所含鹽分比一般海水所含鹽分高七八倍，水中的魚蟲海貝都不能生存，湖岸兩旁的草木也不能生存，所以叫做「死海」。

其南北長75公里，東西最寬16公里，面積1000平方公里，每天由河流注入死海的水量只有400～600萬立方米。

因為這裡氣候炎熱乾燥，蒸發量巨大，每年夏季，蒸發量都大於降水量，所以死海雖沒有出口，但水面也沒有上升。

死海鹽度高達250％，湖水比重為1.172～1.227，比人體比重（1.021～1.097）要大，因而人在死海中不會沉下。正是這特殊的地理因素，才救了俘虜們的性命。

死海是由於斷裂陷落而形成的，湖南海拔為392米，

是世界陸地表面的最低點，也是世界上鹽度最高的湖泊。它是一個大鹽庫，有科學家分析認為，它其間鹽的蘊藏量可供世界50多億人食用2000年。

眼界大開

世界上最大的海是在太平洋的一個邊緣海——珊瑚海，它的南部與太平洋另一邊緣海斯曼海鄰接，北緣和東緣為新不列顛島、伊里安島、所羅門群島、新布里底群島等包圍，西緣緊靠澳大利亞大陸東北岸，比世界上第二個大海阿拉伯海還要大四分之一。

珊瑚海又稱所羅門海。珊瑚海不僅以大著稱，還以海中豐富的珊瑚礁構造聞名於世。

所以，珊瑚海因此得名。它的海底大致由西向東傾斜，交錯於海盆、淺灘和海底山脈，有不少地方海深約3000～4500米。

海水總體積達1147萬立方公里，比阿拉伯多9％，也比中國東海體積大43倍。

15 船員的發現

一天，小雯在網上看到這麼一個奇怪的事件：

1960年12月4日，著名的「瑪律模」號在地中海海域順利航行。突然，前方一幅奇特的景象衝擊了船長和船員們的視線，但一轉眼它又消失得無影無蹤。

一個奇異的、好像白色積雲的柱狀體從海面垂直升起。幾秒鐘後，它又再次出現。見此情景，船員們慌忙拿出望遠鏡來進行仔細觀察。他們發現它是一個有著很規則的週期間隔升入空中的水柱，每次噴射的時間約持續7秒鐘左右，然後就消失殆盡，大約2分20秒後它又重新出現。當時，他們還用六分儀來測量這個水柱的高度，測得它居然高達150.6米。

啊！竟有這樣怪的事情，這究竟是什麼原因呢？充滿好奇的小雯很想馬上就知道答案。於是，她緊接著在網上查找她想要的答案。

　　後來，她從一些網站上得知，對於這段奇異的水柱是如何形成的，科學界一直都爭論不休。有人認為它是「海龍捲」。威力巨大的龍捲風經過海面上空時，會從海洋中吸起一股水柱，形成所謂的「海龍捲」。

　　但「海龍捲」應成漏斗狀，這與船員們觀察到的情況不同。而且從有關的氣象資料來看，當時似乎無形成「海龍捲」的條件。於是，又有人提出，水柱的產生是火山噴氣作用的結果。理由是，地中海是一個有著眾多的現代活火山的地區，但在水柱產生的海域卻又沒有發現火山活動的記錄。而且，「瑪律模」號的船員們在看到水柱時，也沒聽到任何爆炸的聲音。再者，如果確是水下火山噴發，周圍的海域也不會如此平靜。因此，有人推測，這是一次人為的水下爆炸所造成的。但水柱週期性間歇噴發的特徵和當時沒有爆炸聲，也似乎排斥了這種可能。

　　「唉！『瑪律模』船員的這個發現，著實難倒了科學界中的不少人。」小雯不禁歎息道。

知識點睛

地球上已知的活火山共約518座，它們集中在以下4個地帶：

1、環太平洋火山帶。從南北美洲、阿拉斯加、阿留申群島，經過堪察加半島、日本群島、菲律賓群島直至新西蘭。這一帶的活火山有300餘座，約占全球的60%。環太平洋帶上的火山主要噴發中、酸性岩漿，尤以噴發安山質岩漿為特徵。

2、紅海沿岸和東非帶。此帶共有活火山22座。

3、地中海—印尼火山帶。這一帶共有活火山70餘座。其中地中海沿線有13座，印尼有60餘座。這一火山帶噴發的岩漿從基性到酸性均有，性質多變。

4、洋底火山帶。分佈於大西洋（22座）、太平洋（15座）、印度洋（4座）、冰島及詹邁揚島（15座）。有的火山在水下噴發，有的已露出水面，成為火山島嶼。

眼界大開

　　地中海是指介於亞、非、歐三洲之間的廣闊水域，
這是世界上最大的陸間海。最早猶太人和古希臘人簡稱
之為「海」或「大海」。因古代人們僅知此海位於三大
洲之間，故稱之為「地中海」。

　　英、法、西、葡、意等語拼寫來自拉丁MareMediter-
raneum，其中「medi」意為「在……之間」，「terra」
意為「陸地」，全名意為「陸地中間之海」。該名稱始
見於西元3世紀的古籍。西元7世紀時，西班牙作家伊西
爾首次將地中海作為地理名稱。

16 五彩雪花趣事

美美是一個愛雪的女孩子，只要一下雪她就會在雪地上玩得不亦樂乎。哪怕是自己一個人，她也能在雪地上自娛自樂。這日，天又下雪了，她又像以前那樣，蹦蹦跳跳地來到屋外。

屋外簡直是熱鬧極了，很多小朋友都在堆雪人。美美走到他們那裡，只見他們正用紅墨水在點雪人的鼻子。於是美美想：「要是雪有五顏六色的那該有多好啊！那我們可以堆出一個個顏色不同的雪人了。」

回到家後，她把自己的想法告訴了爸爸。爸爸笑了一笑說：「妳完全有機會堆出這樣的雪人。妳知道嗎？世界上除了白色的雪外，還有別的不同顏色的雪。不信妳來看看。」

緊接著，爸爸就打開一本書給美美看。看後，美美不禁感歎道：「哇！真是太有趣了！」因為書上這樣寫著：

　　1969年12月24日，北歐斯堪的納維亞半島上的瓦騰湖附近下起了雪。到了傍晚，雪越下越稠，顏色也不像白的了。因為是晚上，沒有引起人們的注意。可是當地居民們早上起床後向外一望，不由得吃驚地吐出舌頭，他們看到的竟是一片黑雪。那種油膩的好像糖炒栗子鍋裡炒黑了的沙子似的黑雪，黏在衣服上，把衣服都染髒了。

　　瑞典首都斯德哥爾摩生態中心的科學家們聞訊後趕到現場調查，發現雪裡包含有許多工業污染物質，其中有大量殺蟲劑。

　　除黑色的雪外，天空還下過其他顏色的雪。

　　100多年前，北冰洋上的斯匹次貝根島上曾下過綠雪。兩位科學家看到該島像披上了綠裝，遠遠望去，就像一塊綠地毯蓋在了上面，濃綠欲滴，美麗異常。據科學家分析，這是海水裡的綠色藻類被風吹到天空後與雪片混合在一起降到地面而形成的。

　　1980年5月2日晚，蒙古肯特巴省境內降了一場紅色的雪。經化驗顯示：每立升紅雪雪水中含有礦物質148種，其中有未被溶解的錳、鈦、鋅、鉻和銀等化學元素。原來這是由於紅色的礦物質微粒被狂風捲到高空，成了雪花的凝結核所引起的。

　　在歐洲阿爾卑斯山，不但下過紅雪、綠雪，還下過罕見的紫色雪。當時紫色霞光映照藍天，美麗的山峰更

增添了迷人的魅力。據說那是生長在池塘、水沼的死水中的一種紫色細菌被龍捲風連水一起捲入空中，黏附在雪片上然後降落下來所致。

中國天山東段和阿爾泰山上，有時飄落下來的雪花是帶著黃顏色的。雪花之所以變成黃色，是因為它們身上夾雜著從沙漠裡捲揚起來的黃色沙塵的緣故。歐洲阿爾卑斯山上，也下過黃雪。撒哈拉大沙漠的黃塵，從空中越過地中海，把那裡的雪花染黃了。

知 識 點 睛

雪花大多是六角形的，這是因為雪花屬於六方晶系。雲中雪花「胚胎」的小冰晶，主要有兩種形狀：一種呈六棱體狀，長而細，叫柱晶，但有時它的兩端是尖的，樣子像一根針，叫針晶。

另一種則呈六角形的薄片狀，就像從六棱鉛筆上切下來的薄片那樣，叫片晶。

　　世界上一年中下雪最多的地方是美國首都華盛頓，年降雪量達1870釐米。為什麼華盛頓能下這麼多的雪呢？下雪要有兩個條件：一是溫度要下降到攝氏零度以下，二是要有充足的水氣。華盛頓離大西洋、五大湖都不遠，水氣來源十分充沛；同時，來自格蘭島的冷空氣常常經過這裡，因而使它成了世界上年降雪量最多的地方。

有關歷史遺跡的故事

在那神奇的遠古文明遺址中隱藏著太多令人費解的祕密：刻有飛行器、太空人的古老岩畫，奇異的納斯卡荒原巨畫、神祕的胡夫大金字塔、瞬間消失的龐貝古城，謎一樣的吳哥窟，等等。這些人類遠古時代遺留下來的智慧碎片，似乎打破了生命由低級向高級進化的有序進程。它們究竟是史前文明的產物，還是地球之外外星人的饋贈呢？這中間的太多太多的祕密什麼時候才能被科學家與人類解讀呢？什麼時候，我們能對這個世界進行確認和判斷而不是想像與猜測呢？……本章就是要帶你穿越歷史的時空，去解讀古老廢墟中的文明密碼。進而激發你在科學的海洋裡，努力追尋歷史的文明和探索其間的祕密。

01 納斯卡荒原上的線畫

2 0世紀30年代，一位美國的飛行員，在祕魯西南部沿海伊卡省東南角的一個小鎮與安第斯山之間的荒原上空飛過時，他看到地面上有非常醒目的縱橫交錯的「線條」。起初他還以為那是印第安人的古運河。

這位飛行員回去後把他在空中的所見告訴了別人，許多人聽到這件事後疑竇叢生，極為乾燥少雨的納斯卡地區怎麼會有運河呢？但如果不是運河那又是什麼呢？

聽到這件事的美國考古學家科遜克決定進行實地考察，弄明事情的真相。1940年，科遜克率領一個考察隊開進了納斯卡荒原。

開始，他們確實在這片佈滿沙石的荒地上發現了一條條或直或彎像溝槽似的東西，它們是做什麼用的呢？怎麼又淺又窄。很明顯，那根本不是什麼運河。

為了弄清這些溝槽所構成的圖案，考察隊員們想出

了一個辦法：他們各自手拿指南針，分別沿著「溝」行走，同時在地圖上畫下自己所走過的「溝」的方位和形狀，當他們最後把各人所畫的圖形匯總到一張地圖上時，都出現了奇蹟：出現在地圖上的分明是一隻喙部突出的巨鷹！這隻鷹的翅膀長90米，尾巴長40米，而它的嘴足足有100米長，並且還與一條1700米長的筆直的溝相連接，好像它正伸嘴到溝裡飲水似的。

這使考察隊員們大受振奮，他們認為這可是發現於世界上的又一大奇觀。於是他們請求祕魯政府幫助，用直升機來觀察這片荒原上的巨畫。

當飛機飛到一定的高度，從某個適當的角度向下看去，展現在人們眼中的情景，竟如同一張巨大的畫布，上面描繪著一幅幅各式各樣的圖案！這些巨大圖畫由許多深0.9米、寬15釐米至數米的人工溝組成，這些畫一般都有幾百平方米大，圖案中有由南向北縱貫各地、精確到誤差不超過一度的直線；也有如三角形、圓形、矩形等幾何狀的圖案；但最多的還是各種動物和一些植物的畫像，如蜥蜴、蜘蛛、逆戟鯨、駱駝、鷹、蜂鳥、猴子、仙人掌、海草等。

此外，還有一些人形圖案，他們身軀高大，情態各異，其中有一個巨人高達620米，身體挺得直直的，兩手叉腰，氣勢威嚴，還有些巨人頭上似乎戴著王冠。

更加令考察隊員們感到驚奇的是：荒原上的圖案隔一段距離竟會重複出現，完全符合現代二方連續畫法。在不同地方重複出現的圖畫如出一轍，彷彿是用影印機複製出來的一般，真是讓人歎為觀止。

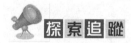 探索追蹤

現在科學家們已對巨畫進行了碳14測定，推算出它們已有1500年以上的歷史。

有人認為納斯卡線畫大概創作於西元前500年至西元500年，可能是印加王朝興起前，由居於祕魯的土著人完成，圖像和線條代表一部「世界最大的天文學書籍」。

萊契博士也贊同這一觀點，他認為這些圖像和線條用於測定星宿在一年中不同時間的位置，以決定播種和收割的時間，例如有些鳥形圖案的喙跟夏至的日出位置連成直線。

這些圖案只能從高空俯瞰才能看得清楚，所以有人認為納斯卡人會飛，至少在刻直線時能夠離地盤旋。一些出土陶器上的繪畫，顯示有些類似紙鳶和熱氣球的物體。

雖然上述說法並非全無可能，但未能解釋當初為何要刻這些線條。

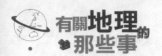

　　祕魯，位於南美洲西北部，為古印加文化的發祥地。

祕魯在印第安語中是「玉米之倉」的意思。

02 巨石浮雕的神祕面紗

20世紀初，一個墨西哥小考察隊在離南美洲委內瑞拉的阿亞庫喬港約18公里的一處崇山峻嶺中尋找古城遺址時，在茂密的森林中迷路了。他們胡亂四轉的時候，無意間來到了一個森林比較稀疏的地方，正當他們想坐下來休息一下時，一個眼明手快的考察隊員發現了靜臥在草叢中的一大塊巨石。這一塊巨石的面積非常大，大約有幾公里大小，石頭表面有許多不太明顯的奇怪圖案。

這個考察隊員高興得歡呼雀躍，以為他找到了所謂的黃金寶庫。當他把這個發現告訴給那些正在小溪邊喝水的同伴後，大家的情緒馬上就激動起來，都立刻沿著巨石向四面搜索，想找到夢寐以求的「財寶之門」。

可令他們很失望的是，考察隊員們搜尋了很長時間，卻沒有發現任何新的有價值的東西。迷路、勞累加上天

色已晚，考察隊員們只好在巨石旁野營。

　　第二天清晨，當太陽升起，陽光以特定的角度照射到巨石上時，奇蹟出現了：這塊大巨石上出現了許多光怪陸離的美妙圖像，讓人眼花繚亂，目不暇接。當陽光轉移而偏離了這個角度時，圖像也隨之消失了。考察隊的這一發現在當時引起了轟動，許多探險家、考古學家決定前往這個神祕的地方去欣賞那些神祕的圖像。

　　透過考古學家們的觀察發現，這塊大石上的浮雕圖像共有7幅。中間一幅是一條巨蛇，近蛇頭處刻著幾個大鐘；還有一幅圖像是一個穿著奇怪裝束、頭戴盔甲的武士，除此之外還有一幅極像人但又不是人的「怪物」。

探索追蹤

　　這塊巨大的美妙圖像不是自然形成的，而是經過人工雕刻的。圖像和石塊表面的刻痕以及陽光照射的角度有著某種關係。究竟是怎樣的一種關係，目前人們也說不清楚。但是有一點是可以肯定的，雕刻者對光學原理有一定的研究，透過對光學原理的研究，巧妙而準確地把握住了雕刻的角度和刀口深度，因而只有陽光射到某一角度時才能清楚地看到浮雕的圖案。

眼界大開

中國的浮雕作品中最有名的人民英雄紀念碑。紀念碑呈方形，建築面積為3000平方米。紀念碑分碑身、須彌座和台座三部分，共高37.94米。

台座分兩層，四周環繞漢白玉欄杆，均有台階。下層座為海棠形，東西寬50.44米，南北長61.5米。上層座呈方形，台座上是大小兩層須彌座。下層大須彌座束腰部四面鑲嵌著八幅漢白玉大型浮雕，分別以虎門銷煙、金田起義、武昌起義、五四運動、五卅運動、南昌起義、抗日遊擊戰爭、渡江戰役為主題。

在渡江戰役的浮雕兩側，另有兩幅裝飾性浮雕，主題分別為支援前線和歡迎人民解放軍。

03 阿爾塔米拉山——洞中的奇異壁畫

1879年的一天，業餘考古學家馬塞利洛・德・索圖勒帶著他9歲的女兒瑪利亞，來到了北西班牙的阿爾塔米拉進行考古發掘工作。

馬塞利洛很快地投入到了自己的工作中，他幾乎忘記了身邊的女兒。小瑪利亞則好奇地東瞧瞧西看看。不一會兒，她發現在不遠處有一個山洞，於是，就手拿提燈信步走了進去。

突然，馬塞利洛聽到了女兒的尖叫：「公牛，公牛，爸爸，快來啊！」他急忙扔掉手中的工具，順著瑪利亞的聲音向洞內跑去。

馬塞利洛順著女兒的手指望去，不禁被眼前的景象嚇呆了：在約60英尺長、30英尺寬的洞頂上，畫著十幾隻情態各異的野牛、野豬、馬、羊等動物，畫面上的野

牛有的在用前蹄刨地，有的在仰脖吼叫，還有的中了長
矛奄奄一息……形態各異，栩栩如生。更令人驚歎的是，
這些動物竟然分別是用褐色、黃色、黑色和紅色的顏料
塗畫成的。

　　隨後，在洞內的其他地方，馬塞利洛又發現了一些
類似的繪畫。

　　憑著自己深厚的專業知識，馬塞利洛判斷：這些畫
距今至少有1萬年的歷史。但是，這究竟出自何人之手，
又是如何創作的，這些原始繪畫究竟又有何功用，都讓
馬塞利洛感到疑惑重重。

　　阿爾塔米拉山洞的繪畫，引起了科學家們的濃厚興
趣，他們首先要弄清楚的是，如此精湛的藝術，是什麼
人創作完成的呢？

　　一些考古學家推斷，生活於西元前3.2萬年至1萬年間
的克羅馬尼翁人是這些壁畫的作者。當時，他們用尖銳
的石頭在石壁上刻出了這些作品的輪廓，然後再用手指
或羽毛、獸毛等製成的刷子，蘸上鐵礦石和動物血、脂
肪以及植物汁液製成的顏料進行上色，有的顏料可能還
是用空心的蘆稈吹上去的。

　　可是，在這黑漆漆的洞內，克羅馬尼翁人是用什麼
方法進行照明的呢？

　　他們又是依靠什麼工具在距地面幾米高的地方作畫

的呢？這些畫為什麼不畫在離地面近的洞壁上？

　　關於這些原始繪畫的功用，也有多種說法。有人說這些畫是原始宗教的產物，是供原始的先民們頂禮膜拜的；也有人說它是教育年輕人如何狩獵的教材；還有人說它是人類早期的審美活動，具有娛樂的作用。

　　但是，究竟哪種說法更科學更具權威性，考古學家們都很難說明白。

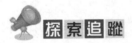 **探索追蹤**

　　自小瑪利亞發現阿爾塔米拉山洞壁畫之後，人們又陸續在歐洲的其他地方，發現了100多處飾有石器時代繪畫和雕刻作品的洞穴。

　　據科學家考證，這些繪畫作品的製作時間至少有1.5萬多年，有的甚至已有兩三萬年的歷史。由於洞內良好的通風和經久不變的溫度、濕度，阿爾塔米拉山洞的繪畫是保存得最完好的。今天，它被公認為原始藝術的典範。

眼界大開

　　中國也有很多著名的壁畫作品，甘肅敦煌莫高窟壁畫被譽為絲綢之路上的「沙漠美術館」，它的內容主要包括佛像、佛經故事、神怪傳說、帝王生活、裝飾圖案、對佛教教義的宣揚等。

　　大量的民俗、民風畫，更是古代敦煌民俗、民風的百科全書。這些壁畫歷經千百年風沙的磨蝕，依然色彩鮮艷，金碧輝煌。洞窟的四周畫滿了菩薩、仙女、飛天，尤其是飛天，造型生動，線條刻劃細膩，衣帶的紋路輕盈流暢，就像要飛起來一樣，號稱「天衣飛揚，滿牆風動」。

04 重見天日的吳哥窟

1861年，為尋找珍奇蝴蝶，法國生物學家亨利‧墨奧特來到了印度地區。當時，他和4個當地的土著人深入到濃密的叢林中，沿著湄公河逆行而上。一路上的奇花異草和珍奇昆蟲令墨奧特感到欣喜若狂。但這一切對土著人來說，根本不足為奇。

幾天後，當他們5個人來到一片陰森的密林前時，土著人卻停了下來對墨奧特說：「主人，就到這裡為止吧，不能再往前去了。」

「這是為什麼呢？」意猶未盡的墨奧特不解地問道。

「前面密林裡的藏民有幽靈，進去的人從來都是有去無回。」4個當地的土著人異口同聲地說。

「哪來的幽靈？要真的有幽靈，我們就更要往前去，把它捉回來。」聽了土著人的話，墨奧特不禁感到有些可笑。

「真的不是開玩笑，主人，幽靈就在林中的大城堡裡。」土著人邊說邊用手比劃著。

「叢林有個大城堡？」墨奧特感到奇怪，好奇心驅使著他一定要進去看個究竟。

於是，他再三勸說那4個土著人，請他們繼續前行，土著人終於動了心，又帶著他小心翼翼地走向密林深處。可是，一連走了幾天幾夜，也沒見到城堡的影子，墨奧特感到非常失望，並決定返回。

「前面那是什麼？好像是塔尖。」走在前面的一個土著人，突然說道。聽後，他們情不自禁的抬頭望去，只見前方不遠處，有寶塔的塔尖在夕陽的映照下熠熠生輝。

頓時，他們精神大振，格外興奮，忘記了連日來的饑餓和疲勞，尤其是墨奧特高興得手舞足蹈，他恨不得插上翅膀，立即飛到寶塔的身邊……

在那，他們發現5座寶塔，就像5朵盛開的蓮花，高高地聳立在他們的面前，這就是在熱帶叢林中隱身400多年的吳哥窟。

探索追蹤

　　吳哥窟占地長1.5公里、寬1.3公里，因為比吳哥城小得多，所以人們又叫它「小吳哥」。

　　吳哥窟的主體建築在一個石基上，共為3層，約有20層樓那麼高。

　　4座小寶塔分佈在二層的四角。底層有大型的精美浮雕組畫長廊，題材為印度的兩大史詩《羅摩衍娜》和《摩訶婆羅多》，以及蘇利亞拔摩二世的生平事蹟。二層有4個供國王沐浴的水池，三層則供國王朝拜之用。

　　遠看吳哥窟，他是一座平直的，彷彿逕自走就能到達中心的龐大建築。

　　然而，事實並非人們想像的那樣。走近後，就會發現，這是一座多層回廊環繞、浮雕精美神祕、逐層上升的高塔群，錯落有致，中心突出。

　　吳哥窟的裝飾浮雕豐富多彩，遍佈於回廊的牆壁及廊柱、窗楣、基石、欄杆之上，鋪天蓋地而來，令人目不暇接。當你來到這個四壁皆畫的世界裡，就會深深地感到──真實、虛幻、喜悅、苦楚，這八個字所描述的境界盡在其中。

甘肅敦煌莫高窟、麥積山石窟、山西大同雲岡石窟和河南龍門石窟被稱為「中國的四大石窟」。

敦煌莫高窟位於甘肅敦煌市東南的鳴沙山東麓；雲岡石窟位於山西大同城西的武周山麓；龍門石窟位於河南洛陽南郊伊河岸邊；麥積山石窟位於甘肅天水東南。

05 馬丘比丘古城之謎

美國耶魯大學教授希南・賓諾姆被這個傳說所吸引：西元前9世紀初，印加人在安第斯山脈海拔2000多米的山頂上，用花崗岩建起了一座美麗的古城，人們稱它為「雲中之城」。

同時，他還瞭解到，為了尋找這個「雲中之城」，15世紀末，歐洲殖民者踏上美洲大陸，他們對印加人進行了瘋狂的燒殺搶掠，許多城市變成廢墟。為了掠奪更多的金錢財寶，侵略者們到處尋找這座傳說中的美麗古城，但他們找遍了安第斯山脈的大山叢林，卻一無所獲。

於是，20世紀初，他就來到安第斯山脈尋找這座古城的遺跡，不幸的是，最終也是空手而回。

但是，1911年，賓諾姆帶著兩名助手再次來到了安第斯山脈。這一次他從一家小旅館的店主口中得知，在不遠處的馬丘比丘山上有一片廢墟。

第二天，他便冒雨爬上這座海拔2000多米的馬丘比丘山的懸崖頂端。十分幸運的是，他就在這找到了這座傳說中的古城。

在這裡，賓諾姆驚奇地發現，城中的建築保存得非常完整，房屋大多依山而建，城的周圍有高大整齊的石牆環繞，城內有高大雄偉的神廟，華麗的王宮，堅固的堡壘，還有整齊的庭院、街道、廣場、祭壇。

建築物之間用縱橫交錯的石階小路相連，從1000米外引來的山泉通過滴水管道被送到主要的建築物前。就像傳說中的一樣，城堡中的所有建築都是用花崗岩砌成的，每一塊石頭都至少有1000公斤重。

石塊像小孩玩的拼圖一樣被巧妙地組合起來，沒有使用任何黏合用的灰漿之類的東西，但它們之間連一片薄薄的刀片也插不進去。

但是，令賓諾姆大惑不解的是，在沒有文字，也不知道用車輪和牲畜來運送物品的古代，完全靠手工用的鐵鑿子等工具進行加工，印加人是怎樣把這些幾噸重，甚至幾十噸重的石頭從30公里外的採石場運到2000米高的山頂來的？

他們又是怎樣對這些石頭進行切割，並巧妙地將它們拼合在一起，建成這座規模宏大的建築群的？

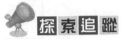

印加帝國是古代印第安人在15世紀中葉建立起來的強大的奴隸制國家。16世紀時，印加帝國達到盛時期，其領土包括今天的祕魯全境。哥倫比亞、厄瓜多爾、智利、玻利維亞、阿根延及巴西的部分地區。它和馬雅文明、阿茲克文明並稱為古代美洲三大文明。

你能解開故事最後一段中賓諾姆的疑惑嗎？或者你能為解決解開這些疑惑提出一些相關的資訊嗎？

06 揭祕——米諾斯王宮廢墟

天，英國考古學家伊文思看到了這樣的一個傳說：「古代克里特島上米諾斯國王的一個兒子在雅典被殺害了，暴怒的國王便藉此向雅典興師問罪，最後還強迫雅典國王埃古斯簽訂了一項毛骨悚然的條約：每年必須向克里特進貢7對童男童女，作為一個牛頭人身怪物的食物。據說這個怪物是王后與一頭公牛所生，國王為了遮醜，令人建造了一座結構複雜、規模龐大的雙斧宮，讓牛頭人身怪物藏在深宮中。雅典國王懼怕克里特的強大，只能按時納貢，使得老百姓民不聊生。到了第三次納貢時，王子忒修斯為民除妖，決定充當童男去克里特。英俊年少的忒修斯與米諾斯國王女兒傾心相愛，並幫助忒修斯殺死了怪物，而且還營救出被作為貢品的孩子們，並且幫助他們逃出克里特島。」

　　這個傳說以及古希臘的神話和其他傳說深深地吸引了許多西方考古學家，其中就包括伊文思。他們認為這些優美的故事很可能是古人根據一定的歷史事件，經過藝術加工而創造出來的。

　　於是，1900年伊文思開始對克里特島進行考古研究。幸運的是，他們在那發掘出了一座王宮的廢墟。

　　剛開掘1個月，伊文思發現這些遺址並不是孤立的建築物。它們是一個龐大建築物的組成部分，就是後來所稱的「宮殿群」。

　　頭三個月裡，在宮殿群的遺址上，伊文思發掘到1400多個房間。有各種層次的庭院、住房、通道、樓梯、陽台和地窖，宮殿群的確像一座迷宮，一不小心就會迷路。伊文思斷定，這一定是迷宮傳奇的出處。

　　他甚至相信，他找到了王宮的正殿——西面裝飾精美的正廳裡，靠牆放著長長的石凳，有一張石椅比其他的要高。

　　王宮的牆壁上有艷麗如初的壁畫，倉庫中還儲備著大量糧食、橄欖油、酒及戰車和兵器。還有國王無數的寶石、黃金和包了鉛皮的小屋。其中最有價值的是那數萬張刻有文字的泥板，其中一塊上赫然寫著：「雅典貢來婦女7人，童子及幼女各1名。」

　　伊文思猜測這就可能是米諾斯國王把雅典進貢的童

男童女作為祭品給邁諾陶洛斯——牛頭人身怪物的記錄。

　　伊文思他們對克里特島上的米諾斯王宮的發現將歐洲文明的起源提早了整整一千年。

　　然而，這個米諾斯文明從何而來，又是怎樣銷聲匿跡的？對於克里特王朝的興亡誰又能偵破這樁歷史的懸案？直到1967年美國考古學家們才慢慢解開這些謎團。

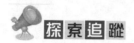

探索追蹤

　　20世紀中期考古學家們在一個叫職克諾堤銳的地方發現了一座被淹埋的城市，裡面堆滿了工藝品和壁畫，與米諾斯遺跡非常類似。

　　據地質學的證據顯示，這座城市與其他居住區大約在西元前1600年前一次巨大火山噴發中被毀滅。

　　這裡的火山爆發有可能為亞特蘭蒂斯島的古希臘傳奇提供了資料。一些專家還認為，這也可以解釋米諾斯人的瓦解崩潰。

　　他們推測，這次大地震的火山灰可能湮沒了克里特島，或以它巨大的氣浪吞沒了海岸的居住區。

眼界大開

　　克里特島是地中海文明的發祥地之一，有著「海上花園」之稱。它位於希臘東南的地中海域，距希臘本土130公里。它是希臘最大的島嶼、古老文化中心、地中海著名旅遊地。

07 瞬間消失的龐貝古城

1594年的一天，人們在薩爾諾河畔修建飲水渠時發現了一塊上面刻有「龐貝」字樣的石頭；後來，一名建築工人在維蘇爾威山腳下的一座花園裡打井時，又有了重要發現：「瞧，這是多麼美麗的雕像。」這個發現讓這名工人驚訝不已。

「嘿，想不到還有兩件。」幾乎在同一時間，他又挖掘出兩尊衣飾華麗的女性雕像。

遺憾的是，這個建築工人和其他的幾個同事並沒把它當回事兒，當地的文物部門也認為這些不過是那不勒斯海灣沿岸古代遺址中的文物而已。一個轟動世界的偉大發現就這樣與他們擦肩而過。

1748年，人們挖掘出了被火山灰包裹著的人體遺骸，一下成了驚天動地的特大新聞：「一定是有著『空中花園』之稱的龐貝古城被埋在地下！一定是！」專家們都

十分肯定的認為。

於是，他們和新聞記者都趕到了現場。這密封在地下千年、占地近65公頃的古城再次牽動了人類的神經！

1860年，人們開始正式發掘龐貝城遺址。發掘工作遇到了許多想像不到的困難，工作時斷時續。考古學家好不容易一層一層地挖開了火山岩，深埋地下的龐貝古城漸漸呈現在人們的眼前了。

人們看到古城市場的角落裡還有成堆的魚鱗，酒吧的牆壁上仍寫有「店主，你要為你的鬼把戲付出代價，你賣給我們水喝，卻把好酒留下」，一戶居民的後花園裡種滿了夾竹桃，廚房的鐵爐上架著平底鍋，餐桌上的雞蛋旁放著一個小人玩偶，在一些別墅的地面上，用馬賽克拼出狗的圖案，旁邊提醒人們注意狗咬的字樣仍然清晰可辨……

這個古城直到100多年之後才得到全面地開掘。人們看到它就像一座巨大的博物館，展現出近2000年前的古羅馬城市風貌和當時人們的生產生活情景。

它是一個約有25000餘名居民的城市，有羅馬皇帝的大型行宮，有許多貴族鉅賈的豪華別墅，還有一座規模宏大的巨型體育場，100多家酒吧，容納5000人的劇院。

更讓我們驚歎的是城裡有3座大型公共浴場，管道齊全，而且一般居民家都鋪設了水管，建有浴室，城內馬

路寬敞整齊，馬路旁還有人行道。

從挖掘現場還發現，龐貝古城當時的商業非常發達，僅麵包作坊就有40多家，災難降臨前不久烤好的麵包經歷千年的「珍藏」，依然完好地放置在烤箱中。

探索追蹤

西元79年8月24日下午1時，維蘇爾威火山突然爆發，噴出了大量的火山灰、火山碎屑和熾熱的岩漿，把方圓數十公里之內的土地、河流、建築等全部覆蓋了，致使這有著「人間花園」之美譽的龐貝瞬間消失。

在這場浩劫中許多生命都化為烏有，只有少數在外地的居民得以倖存。不久以後，有些倖存者在維蘇爾威山腳下又建起了新的城鎮。

眼界大開

現代城市中，有很多在經濟發展和環境保護、文化建設方面都做得不錯的代表。例如新加坡。新加坡有「花園城市」的美稱，它幾乎是一個沒有農村的國家，城市面積占總面積的絕大部分，新加坡人又注重城市建築，境內道路兩旁綠樹成蔭，街頭到處是花圃、草坪，草茂

花繁、整潔美麗所以有這樣的美稱。新加坡的初名為「海城」，是蘇門答臘古帝國斯里佛室王朝的貿易中心，後來，新加坡又被命名為「新加坡（獅子城）」，沿用至今。

08 秦始皇陵兵馬俑

1974年3月，距秦始皇陵大約1.5公里的西楊村的十幾個村民，在一塊不長莊稼的柿林之上開始了抗旱打井的工程。當井挖到2米深的時候，楊志發等人發現了一種奇怪的現象——地下有一些燒紅的土塊。他們非常好奇接著往下打。當井打到3米深的時候，又發現了更為奇怪的現象——有一些陶俑的殘斷身體。

「這是怎麼回事呢？難道這地底下有什麼稀世之寶？」帶著疑問他們又繼續往下打。

當井打到4～5米深的時候，眼前的情景把他們驚呆了——地下有磚鋪的地面、銅鏃、銅弩機以及8個殘破的陶俑。

這下，他們感覺這不是一件簡單的事情，必須要向上級報告了。

於是，他們立即停工，派人把這情況向當地主管部

彙報。

當時，一位名叫趙康民的考古專家第一個進入了現場。他一到那裡就趕忙收集那些散失的文物，然後又做初步的清理。

事情也湊巧，新華社記者正好回到家鄉臨潼探親，聽到這個消息後，便逕自趕到現場，進行採訪。回去後，立即將秦始皇陵發現大型陶俑的消息在《人民日報》上發表出來。

當時，看到報導資料的中央領導立即指示：「建議請文物局與陝西省委一起，迅速採取措施，妥善保護好這一重點文物。」於是，國家文物事業管理局隨即派有關專家來現場考察。

1974年7月19日，省文物局派出了秦俑考古隊開赴發掘現場。隨後，西北大學考古專業的師生知道這個消息後，也前來支援。於是，秦始皇的這支「神祕軍隊」，在塵封兩千年之後，終於破土而出，漸漸浮出了水面。

經過專業考古者們的辛勤勞動，他們在965平方米的試掘坑內清理出與真人真馬相仿的陶俑500餘件，陶馬24匹，木質戰車6乘和大批青銅的兵器、車馬器。透過試掘和鑽探，一號兵馬俑坑總面積14260平方米，內含陶俑、陶馬約6000件。

1975年8月，國務院決定在一號兵馬俑坑遺址上建立

展覽大廳。就在展覽大廳基建工程進行時，1976年4月23
日，在一號兵馬俑坑的東端北側，又發現了二號兵馬俑
坑。接著，在一號兵馬俑坑的西端北側，又發現了三號
兵馬俑坑。

兵馬俑1、2、3號坑出土的文物達到8000多件，僅1
號坑就有6000多件，真是大氣磅薄。據有關專家說，中
國還存在著兵馬俑的部分遺址，這等待著我們去努力發掘。

在兵馬俑發現之前，一般的中國通史書上都沒有把
秦作為一個單獨朝代來介紹，由於秦朝只存在了十幾年
時間，所以，專家都把秦和漢歸在一起，統稱秦漢史。
自從兵馬俑被發現後，便徹底改變了這一現狀。

眼界大開

秦始皇（西元前250～西元前210年），姓嬴，名政，
中國第一個多民族統一的封建帝國──秦王朝的創始人。
西元前246年至西元前210年在位，西元前238年親政。從
西元前230年滅朝、韓開始，到西元前221年滅齊，統一
六國，結束了長期以來諸侯割據混戰的局面，建立了中
國歷史上第一個封建王朝。

09 馬王堆漢墓的發掘

1972年1月16日，考古工作者開始著手發掘馬王堆漢墓。他們首先發掘了馬王堆漢墓一號墓，只見這座墓的內中棺槨的邊箱中塞滿大量的隨葬品。

這座墓從墓頂至槨室深達20米。槨室構築在墓坑底部，由三槨（外槨、中槨、內槨）、三棺（外棺、中棺、內棺），以及墊木所組成。木棺四周及其上部填塞木炭，厚30～40釐米，約1萬餘斤。木炭外面又用白膏泥填塞封固，厚度達60～130釐米。

隨葬物品非常豐富，達3000餘件，有絲織品、帛書、帛畫、漆器、陶器、竹簡、竹木器、木桶、農畜產品、中草藥等。

其中覆蓋在內棺上的一幅彩繪帛畫，花紋鮮艷，色彩絢麗，畫面內容想像豐富，是中國現存2100多年前的絲織品中的珍品。根據漆器款式、封泥、印章等推斷，

此墓是西漢長沙國丞相利蒼夫人辛追墓。

考古人員又在4月28日打開了內棺棺蓋，令人感到驚訝的是，呈現在人們面前的是一具沉睡了兩千多年卻顯得十分新鮮的女屍。

「天啊，全身柔軟而有彈性，外形竟然完整無缺，這實在是一個奇蹟！」在場的專家學者發出一片輕輕的驚歎。

儘管當時天氣寒冷，但是人們都為這一重大發現興奮得全身熱血沸騰。

當時，在場的人發現，辛追屍體除了眼球有些突出、舌頭外吐等明顯的變化外，其他的部位都完好如初。

當防腐專家給她注射防腐劑時，皮、肉、血管等軟組織，隨著藥水所到而鼓起，然後通過微血管擴散。這些特徵完全像一具剛死的鮮屍。

這是世界上首次發現的歷史悠久的濕屍，出土後立即震驚了世界。

之後，考古工作者們又再接再厲，在1973年11月18日和12月18日，考古人員分別發掘了三號墓和二號墓，並且確定了三號墓主為利蒼之子，二號墓主即為利蒼。

但遺憾的是，工作人員在有序的挖掘中發現，利蒼墓因多次被盜遺失了很多隨葬品。1974年，考古工作者們才結束了對整個墓地的發掘工作。

探索追蹤

辛追屍體之所以經歷2000多年而不腐爛是因為與墓葬的嚴密結構密切相關。她的屍體由三層槨和三層棺裝殮，這已經夠嚴密的了。

但在槨的四周以及上部又填塞了一尺厚的木炭，用來吸水防滲。木炭外面還包著一層透水性極小的二三尺厚的白膏泥，形成密封狀態。這樣就造成了一個恆溫、恆濕、缺氧、無菌的環境，對屍體防腐起了關鍵作用。

眼界大開

1981年4月中旬，中國社會科學院考古研究所宣佈，在中國新疆羅布泊地區所發現的樓蘭少女古屍，死亡時距今2000年左右。乾屍是盛放在由兩塊掏空的樹幹製成的棺木中，外面用羊皮包裹著。

打開棺木，死者彷彿是在安睡中，頭戴尖頂氈帽，身裹毛線氈毯，腳穿補過的皮靴。外露的面容可以看出死者年齡比較年輕，臉龐嬌小，鼻子高高，大大的雙眼，長長的眼睫毛，歷歷可數，濃密的金髮，略呈捲曲，散垂在肩後。

氊帽的尖頂兩旁，插著色彩斑斕的翎羽，帽邊飾紅色彩絨。頸部有的圍著毛茸茸的皮裘，既美觀又保暖。直觀她的形象，彷彿和現今的塔吉克族少女相類似。

10 三星堆遺址之祕

1929年春天，川西平原有個叫燕道誠的農民和他的父親及兒子3個，正在地裡挖井。突然，「砰」的一聲，燕道誠手中的鐵鋤挖到了一塊堅硬的石頭上。可當他繼續往下挖的時候，露出來的石頭都令他大吃一驚。

「嘿，這不是普通的石頭，是玉石。」讀過幾年書的父親激動不已，小聲地說，「這是寶貝啊，快把它埋起來，等天黑了，你們再帶回家」。

祖孫三人竊竊私語一番後，把那個剛挖開的坑又埋了起來，並暗暗做了記號，懷著萬分激動的驚喜往回走。

好不容易等到夜幕降臨，祖孫三人才悄悄地走出村子，來到當初挖出的那個坑。這一次他們從坑裡挖出了許多寶貝，可把他們3個樂壞了。

他們得到這批寶物後，沒有拿到市場上去賣。只把這些玉釧、玉璧、玉琮等作為禮物在逢年過節的時候送

給親朋好友。因此，一些稀世珍寶漸漸流落民間。

後來，當地政府在這裡興建磚廠，組織工人挖土時，再次發現了一批價值連城的玉器、金器。至此，神祕的三星堆文明走進了人們的視線。

經過兩次挖掘，三星堆出土了大量的珍貴文物，好像一座神祕的地下寶藏被突然打開。

這裡出土的幾十件青銅器，一百多件金器都造型獨特，巧奪天工，還有70多枚象牙。在一個地方發現這麼多的象牙實屬罕見。

在這些出土的珍貴文物當中有一個「與眾不同」的高大青銅人像。它飄逸、超脫，充滿神奇的想像力。這個高大的青銅人，不僅鼻子大大的，嘴巴也很大，嘴上好像塗著朱砂，眼睛像個三角形。這樣極富誇張的人像，在中國考古史上是僅有的發現。

為什麼要用青銅雕塑這個高大的人像？他是誰，代表什麼？人們還一直沒有弄清。

另外，文物中還有一棵奇特的神樹。它高達4米，由底座、樹身和龍3個部分組成。這棵樹長在一座小山上，分上中下三層，每一層的樹枝都是3根。

古人用金子做樹葉，用白玉做果實。在這棵小樹上，共有9隻小鳥和27顆「果實」。樹幹上還有一條小龍正在蜿蜒而下。想一想，爬行的龍，嚶嚶啼叫的小鳥，隨風

搖動的樹葉……這是一幅多麼動人的田園風景畫啊！可是，這是一棵什麼樹呢？有的說是古代的搖錢樹，有的說是傳說中東海的扶桑樹。

更讓人不解的是，三星堆這些寶物的主人是誰？它是怎麼來的？當時的四川沒有很多的金礦和銅礦，那麼，這些金器、玉器、銅器的原料是從哪裡來的？有的說，它屬於外來文明；有的說，當時的中原夏王室發生動亂，王室裡的人把這些寶物偷偷運到了蜀地埋藏起來。但是，這些都僅僅是猜測而已。

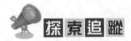

探索追蹤

有人推斷三星堆中的文物是為了躲避戰火或者意外的浩劫才不得不埋在地下的。

文物出土後，文物專家發現，許多器物上有火燒的痕跡，還留有火燒的骨渣，許多銅器被火燒得面目全非，雪白的象牙，也被熏成了黃色。青銅神樹也被人為地破壞過，折斷成了好幾段，經過考古學家們精心修復才形成目前的這個樣子。

眼界大開

　　三星堆遺址位於四川省廣漢市城西南興鎮，遺址分佈範圍達12平方公里，是四川境內目前所知一處範圍最廣、延續時間最長、文化內涵最為豐富的古蜀文化遺址。

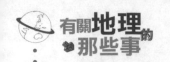
11 大辛巴威之謎

1868年的一天，一個名叫亞當・倫斯的葡萄牙獵人在搜索獵物時，來到一片茂密的原始森林。當他走進這個人跡罕至的森林不久，忽然眼前一亮，一座用花崗岩砌成的巍峨的古堡出現在他的面前，他不禁驚呆了。

亞當小心翼翼地走進古堡，發現這是一個古城遺址，已經被廢棄很長時間了。遺址主要由內城、衛城和谷地殘垣三部分組成，東、西、南三面環山，北面臨湖，在茂密的樹林和荒草的掩映中，規模宏大的石頭建築群與周圍環境渾然一體。內城是一座依山而建的橢圓形城寨。城牆分為兩層，外層由6～9米高、240米長的城牆圍成，內層則是90米長的半圓形城牆。

城牆內還有蜿蜒曲折的矮牆，將內城分割成好幾塊大小不等的圍場，人在裡面如同進入迷宮一般。城中還

有一座高15米的圓錐形實心塔，另外還有神廟、石碑、宮殿、官員和隨從的居室以及倉庫等。所有這些建築都是用當地產的花崗岩建造的，石頭與石頭之間雖然沒有使用膠泥、石灰等黏和物，卻異常牢固。離內城不遠的一座地勢險峻的山上矗立著衛城，它和內城之間只有兩條羊腸小徑相通。衛城的城門十分狹小，人側著身子才能通過。城內的道路錯綜複雜，像一個迷宮。同內城一樣，衛城的牆上也雕著精美的圖案。在內城和衛城之間有一片谷地殘垣地。這裡留下了不少房屋、梯田、水渠、水井、鐵礦坑和煉鐵工具，還有來自中國的瓷器和來自阿拉伯、波斯的玻璃器皿及金器，還有來自印度的佛教串珠。於是，亞當想，這裡當年一定商業發達，經濟繁榮。

　　發現了這個古堡遺址後，亞當立即將它公之於世。之後，許多人都紛紛來到這裡進行考察。有位地質學家從這裡搜刮了不少文物後，居然編造了不少這裡有寶藏的謠言，使得其後的100多年中，遺址遭到了很大的破壞，給考古工作也帶來了很大的困難。這個古堡的遺址被後人稱之為大辛巴威。現在，關於這個古堡遺址考古界還存在著一些分歧，主要有如下兩點：

　　一是在對遺址的評價上，考古界分歧很大。一些考古學家認為，古堡遺址可能是來自地中海的腓尼基人在西元前2000年時修建的。也有考古學家，認為是印度或

者阿拉伯商人修建了這個城堡；還有一些考古學家認為它可能是猶太人建造的。後來，越來越多的學者認為，古堡的確是當地的「土產」。二是關於遺址建造的年代，說法不一致。有些考古學家認為，古堡建造的年代在西元6～8世紀，有的則不贊同。

探索追蹤

在這塊土地上生活的非洲人民一直把這個古堡當成祖先留下的遺產而引以為豪。1980年，當地的黑人獨立後，把遺址中發現的古代居民的圖騰「辛巴威島」印在了自己的國旗和國徽上，並用辛巴威這個祖先的名字給自己的國家命名。

眼界大開

辛巴威一詞，在當地肖納語中是「石頭城」或「石屋」的意思。辛巴威有「陽光城」、「花園城」、「花樹城」、南部非洲的「糧倉」之稱。

又因其河流中多有鱷魚出沒，以出產優質鱷魚皮而聞名全球，故又稱為「鱷魚之鄉」。

Part

4

世界地理大發現

從人類祖先在地球上誕生的那一天起，人類就在不斷地探索與發現，用勤勞的雙手創造輝煌，用明亮的眼睛尋找光明，用智慧的頭腦發現一串串驚人的世界奧祕。可以這麼說，人類文明不斷前進的過程，也就是不斷發現，不斷尋找屬於我們人類自己「寶藏」的過程。幾千年來的地理大發現，對人類文明發展與進步的推動作用就是一個很好的證明。

本章比較豐富而詳細地講述了一些地理上的重大發現過程，它所要告訴大家的是，每一個發現就是一個隱藏在世界上的奧妙，就是一個奇蹟，就是人類不懈努力的腳印。它既閃爍著人類傑出的智慧，又折射出人類美好的願景。因此，本著這樣的願望希望大家能從中有所啟發，有所受益，並立志也像一位偉大的發現家一樣，不斷發現世界的奧妙，為人類的文明進程做出偉大貢獻。

01 承諾下的發現——
白令海峽

1725年1月，有著豐富航海經驗的俄羅斯探險家白令奉彼得大帝之命，帶領著25名隊員，離開彼得堡，開始了對西伯利亞北岸的考察之旅。

根據彼得一世的指令，他必須帶領船隊「沿著堪察加的海岸線向北航行……以期尋找到與美洲接壤的那塊陸地……而且要親自登陸……並把那條陸岸線標在地圖上，然後才能返回」。

他們橫穿俄羅斯，航行了8000多公里，克服重重困難，終於到達太平洋海岸，然後從這裡登陸。

1728年，白令的首次旅行證明了美洲和亞洲是兩塊分離的大陸，發現了著名的「白令海峽」。

白令海峽，位於亞洲的東北端、北美洲的西北端，它把北冰洋和太平洋連在一起，成了聯結兩個大洋的「橋

樑」，把亞洲的西伯利亞和北美洲的阿拉斯加分割開來，又成了北美洲和亞洲大陸間最短的海上通道。

彼得大帝未等到捷報就撒手歸去，而信守諾言的白令，在13年後的1741年，再次踏上探險的征途。

在這一次航行中，他在北極地區發現了幾個島嶼，繪製了堪察加半島的海圖，並且順利地通過了阿拉斯加和西伯利亞之間的航道，也就是現在的白令海峽。這個發現，使得俄國對阿拉斯加的領土要求得到了承認。不幸的是，白令的船隊被暴風雨沖散，漂泊到科曼多爾群島的一個荒無人煙的小島上。

在這個小島上，白令和他船上的其他28名水手病死了。船員們將他的屍體綁在厚厚的木板上，並蓋上鬆軟的沙土，然後緩緩地推入海中，讓他慢慢地沉沒。

就這樣，白令最終長眠在以自己名字命名的大海中。他船上僅剩的46名船員歷盡千辛萬苦，終於回到了他們當初起程的地方。

之後，世人為了紀念他，就用他的名字來為他所發現的海峽命名，名為「白令海峽」。此外，人們又用他的名字命名了白令海、白令島和白令地峽。

知識點睛

　　白令海峽的發現，使得俄國對阿拉斯加的領土要求得到了承認。但是，這一領域的管轄權也引發了日後美國與俄羅斯的多次爭議。

　　1990年，前蘇聯外長謝瓦爾德納澤與美國國務卿貝克在華盛頓就如何解決兩國在白令海峽地區邊界的爭端才簽署了協定。可見，白令海峽的發現有著多麼重要的影響力。

眼界大開

　　維他斯·白令，1681年出生在丹麥的一個普通人家。成年後，他參加了荷蘭海軍，進入當時被稱為世界上最好的阿姆斯特丹海軍學校學習。

　　在穿越達伽馬航線遠渡印度的航行中，白令充分顯示出超凡的能力與堅忍不拔的毅力。

　　1703年，22歲的白令來到了俄國，在海軍服役。此時，俄國人已經到達了堪察加半島，整個西伯利亞盡入俄羅斯版圖。

　　領土擴張慾望十分強烈的彼得大帝很想知道，歐亞大陸延伸到什麼地方，是否與美洲大陸相連。

1724年，即將退役的白令突然接到了海軍部探險的命令。白令此時正值中年，因他的勇敢精神和航海技術無人可比，毫無爭議地成了這支探險隊的指揮官，並擢升為上校。

02 哥倫布的「東方探險」

1492年8月3日清晨，哥倫布攜帶西班牙王室致中國皇帝的國書，帶領87名水手，率領「聖瑪麗亞」號、「平塔」號和「尼尼亞」號3艘帆船，從西班牙南海岸的巴羅斯港出發，向西航行，開始了人類歷史上第一次橫渡大西洋的壯舉。

誰也無法意料，在這陌生而又茫茫無際的大西洋上，等待著他們的究竟都是些什麼。

海上的航行生活枯燥無味。他們就這樣在海上漂泊了一天又一天，一週又一週。一個多月過去了，除了浩瀚的大海，追逐船隻的海鷗，絲毫也不見陸地的影子。於是，水手們都紛紛要求返航。

當時，由於大多數人都認為地球是一個扁平的大盤子，再往前航行，就會到達地球的邊緣，帆船就會墜入

深淵。但是，哥倫布是一個意志堅定的人，他頂住了船員們的巨大壓力，在驚濤駭浪的侵襲中繼續向西航行。

他的堅持終於贏來了奇蹟。在茫茫大海上苦熬兩個多月之後，情況終於有了好轉。

10月11日，哥倫布看見海上漂來了一根蘆葦，他和水手們高興得跳了起來！

「有蘆葦，就說明附近有陸地。」他們都這樣斷言著。

果然如此，11日夜間，哥倫布發現前面有隱隱約約的火光。12日凌晨，水手們終於看見一片黑壓壓的陸地。黎明時分，船隊登上一座島嶼。在海上航行了兩個多月，他們第一次遇到了陸地。水手們一個個高興得手舞足蹈。

這個島嶼是巴哈馬群島的一個小島——華特林島。哥倫布高舉西班牙國王的旗幟，宣佈此地為西班牙國王所有，並把這小島命名為「聖薩爾瓦多」，也就是「救世主」的意思。

船隊繞島一周後，發現這裡並不是理想中的黃金產地，於是，他們繼續向南航行。幾天後，他們到達巴哈馬群島中最大的古巴島，哥倫布認為，這就是中國。按照已有的地圖，它的東方應該是日本了。於是，船隊轉而向東尋找富饒的日本。

後來，他們登上了海地島，看見島上樹木鬱鬱蔥蔥，

山川秀麗多姿，貌似西班牙，便將其命名為「小西班牙」。由於航行不慎，最大的一隻船——「聖瑪麗亞」號觸礁沉沒，哥倫布只好無奈地停止前行。

1493年3月15日，哥倫布率領剩下的兩隻船從海地島返回了西班牙的巴羅斯港。

後來，哥倫布在西班牙國王的資助下，又3次向西航行，先後到達過中美洲和南美洲的一些海岸，終於發現了美洲大陸全貌，也即美洲新大陸。這都不得不得益於他們之前「東方探險」經歷。

知識點睛

在哥倫布4次橫渡大西洋，發現美洲大陸之前，早在西元元年前後，希臘航海家就開始航行於愛琴海。

8世紀到11世紀中葉，精於航海的北歐諾曼海盜曾肆虐整個歐洲。

9世紀下半葉，挪威海盜登上冰島。10世紀，諾曼人到達格陵蘭。11世紀初，丹麥海盜幾乎征服了英格蘭全境。

哥倫布，義大利航海家。生於義大利熱那亞，卒於西班牙巴利亞多利德。一生從事航海活動。先後移居葡萄牙和西班牙。他相信大地球形說，認為從歐洲西航可達東方的印度和中國。在西班牙國王支持下，先後4次出海遠航（1492～1493年，1493～1496年，1498～1500年，1502～1504年），開闢了橫渡大西洋到美洲的航路。

03 達‧伽馬的壯舉——
印度航線的開闢

1497年7月8日，達‧伽馬率領140名遠航船員，駕駛著四艘探險船，踏上了艱險的遠征之路——探索通往印度的航程。

達‧伽馬率領船隊，循著10年前迪亞士發現好望角的航路，迂迴曲折地駛向東方。在大西洋上航行了4個月，終於抵達了好望角。

好望角就像一個死亡角，使人望而生畏。向前將遭遇到不間斷的可怕的風暴襲擊。然而，這些困難並沒有嚇倒這支遠航的探險隊。在遭受3天3夜狂風巨浪的襲擊後，船隊終於繞過這個「死亡角」，進入了印度洋。之後，船隊沿著非洲東海岸緩慢地向北航行。

1498年4月14日，達‧伽馬的船隊停泊在今天的肯雅的馬林迪。在這馬林迪酋長為他們派出一名理想的領航

員——一位阿拉伯的航海家，在他的悉心指引下，船隊順利地橫越印度洋，並在不到4個月的時間內，就到達了印度的卡利卡特港。

在這裡，達‧伽馬和船員們都非常興奮，因為他們終於看到了印度的富庶，就像馬可‧波羅在《馬可‧波羅遊記》中所描述的一模一樣。

但是在這他們惹來了很多麻煩，因此，1498年8月，達‧伽馬只得匆匆返航了。不過，在離開那裡時，他在當地購買了大批的香料、絲綢、寶石和其他許多東方特產。

1499年9月9日，達‧伽馬的船隊運載著印度的香料和非洲的黃金回到了里斯本，還帶回了6個被強擄來的土著欣德斯人，他們受到了葡萄牙全國上下的隆重歡迎。在歡迎儀式上，葡萄牙國王高興地歡呼：

「我們的香料和珠寶，從此再也不受別人的控制了！」

據說，達‧伽馬從印度換來的香料和珠寶是全部航行費用的60倍以上。他因此被譽為「葡萄牙的哥倫布」。但是，船員們回到本國時僅剩下55個人。

就這樣，達‧伽馬率領船隊沿著非洲西海岸南下，經過非洲南端的好望角後，沿著非洲東海岸北上，穿過阿拉伯海，最終到達了印度，開闢了從西方直達東方印度的海上新航線——印度航線。

達‧伽馬成為第一位發現和完成從西歐經過非洲南端到印度航線的歐洲人。

達‧伽馬的這次里程碑式的航行為東西方在政治、經濟、文化、商貿諸領域中的交流做出了卓越的貢獻。印度航線的開闢，使歐洲殖民者開始了對亞、非、美洲的殖民活動，給殖民地人民帶來了無盡的災難。

更重要的是，它打破了長期以來世界上各個國家、地區和民族之間相對隔絕的狀態，促進了西歐封建制度的解體和資本主義的成長。同時，它的開闢，也對歐、亞兩洲商業和航運業的發展，起到了巨大的促進作用。

📷 知識點睛

後世對於達‧伽馬與鄭和，是誰最先到達非洲東岸曾有相當大的爭議，一般西方史上認為是達‧伽馬，但在中國鄭和下西洋時即有記載了非洲東岸風土人情，其時間早於達‧伽馬70多年。

史家認為鄭和基於中國精神沒有強迫殖民和奴役當地居民，與達‧伽馬完全不同。

眼界大開

　　新航線的發現、開闢，需要的是無畏的探險精神。達‧伽馬發現的新航線，就是一次生死之旅，儘管他當時懷著的是一種掠奪、征服的心理。但是，他對人類的貢獻、社會的進步，還是有著不可磨滅的功績。

04　麥哲倫的環球航行與美洲新大陸

1519年8月1日，他率領他的船開始了環球遠洋探航。這次航行，他們並沒有另闢新路，而是沿著當年哥倫布開闢的航線向南美洲進發。

經過兩個多月的海洋漂泊，船隊越過大西洋來到巴西海岸。船隊沿海岸向南繼續航行，在1520年1月來到了一個寬闊的大海灣。大家認為到達了美洲的南端，可以進入新的大洋了。於是，船隊繼續向南前進。

南半球與北半球的季節恰恰相反，南美洲的三月已風雪交加，給航行帶來了很大的困難。當船隊來到聖胡利安港時，已到了月底，船隻只有在這裡拋錨過冬。

1520年10月21日，麥哲倫率領的船隊，在南緯52°附近發現了一個海口。這個海口彎彎曲曲的，而且忽寬忽窄，波濤洶湧，並且兩岸都是高聳入雲的山峰，有的可

達1000米，水流湍急，隨時都有船翻人亡的可能。如果他們能夠闖過去，也許就能闖出一條當年哥倫布沒有發現的航道，那將是另一個新天地。於是，麥哲倫以堅強的意志率領船隊，就像鑽迷宮似的在海峽中摸索著前進。

1520年11月28日，麥哲倫的船隊在經歷了千辛萬苦以後，終於看見了一片廣闊的海面。

麥哲倫望著一望無際的大海，激動萬分。因為，不僅是他們擺脫了死亡的威脅，更重要的是實現了哥倫布沒有實現的夢想，找到了從大西洋通向太平洋的航道！後人為了紀念麥哲倫這次航海功績，就把這個海峽叫做「麥哲倫海峽」。

麥哲倫船隊在這片海洋中航行了3個多月，海面一直風平浪靜。因此，他們就將它命名為「太平洋」。

此時，大家已經筋疲力盡，船上幾乎是水盡糧絕，可是堅強的信念支撐著他們無所畏懼地向前航行。當時的他們飲污水，吃木屑，甚至吃船上的老鼠，船員們一個個患上壞血病而相繼死去，但麥哲倫仍然堅持在海上航行了3個月，最終來到了菲律賓群島。

遺憾的是，麥哲倫來到菲律賓群島以後，與島上的居民發生了衝突，不幸被殺死。所幸的是剩下的船員並沒有被當前的困境所嚇倒，他們經印度洋，繞過好望角，沿著非洲大陸西海岸繼續航行。

終於，這支只剩下18名船員的船隊在1522年9月回到了西班牙，完成了第一次環繞地球的航行。他們的這次環球航行，充分證實了柏拉圖所提出的「地球是圓的」的學說。

麥哲倫的首次環球航行歷時3年、行程8萬公里、航跡面積達422億平方公里的航行，在當時創造了航程最長、歷時最久、航跡面積最廣的記錄，並且首次證明了「地圓說」的正確性，並且把業已開始的地理大發現推到了最高潮。

眼界大開

費爾南德‧麥哲倫（1480～1510年）是葡萄牙著名的航海家和探險家。他出生於葡萄牙北部的一個破落的騎士家庭。10歲左右進入王宮服役，充當王后的侍從。16歲時進入葡萄牙國家航海事務廳，因而熟悉了航海事務的各項工作。

1505年，他參加了海外遠征隊，開始了遠洋探航的生涯。他被認為是第一個環球航行的人。

05 邂逅風暴下的發現
——好望角

1487年8月的一個風和日麗的日子，葡萄牙航海家迪亞士奉國王之命率領兩艘快船和一艘滿載食物的貨船，從里斯本出發，沿非洲西海岸南行，去尋找繞過非洲南端進入印度洋的航路。

剛開始，航行非常順利，沒用多長時間他們就到達了西南非洲海岸中部的瓦維斯灣。

可是，不久他們就發現，在繼續向南的航線中，海岸線變得越來越模糊。

這時，探險心切的迪亞士一心想加快速度，但是，裝食物的貨船速度太慢了。為了加快行速，迪亞士命令食物船先行返航。

這樣，他們的航速果然大大加快了。

然而，正當他們為航行順利而慶幸的時候，沒料到，

船隊遇上了一場大風暴。海浪如排山倒海之勢向船隊撲來。帆船駛離海岸在茫茫大海與隨風漂流了十二個晝夜。

風暴總算是停息了，咆哮的大海又恢復了往日的平靜。

迪亞士根據以往的航海經驗，知道沿非洲大陸南行時，只要向東航行就必然會停靠在海岸邊。於是，他立即下令他的船隊調轉方向，向東前進。

可是，船隊向東航行了好幾天，並沒有看到他們預料中會出現的非洲海岸線，相反，似乎還越來越遠了。

「這是怎麼回事呢？」迪亞士感到很詫異。

「怎麼辦呢？」船員們也一籌莫展，於是，航速也隨之減慢了。

「啊！我們很可能已繞過了非洲的最南端，如果一直向東航行就只會離大陸越來越遠。」迪亞士突然恍然大悟。

於是，為了再次接近海岸，迪亞士決定先東行後北折，他又下令：「立即調轉方向，向北前進。」

幾天後，他們果然看到了陸地的影子，很快就抵達了現在的莫塞爾灣了。

迪亞士發現，海岸線緩緩地轉向東北，向印度的方向延伸。至此，他確信：船隊已繞過非洲最南端，來到了印度洋。只要再繼續向東航行，就一定能夠到達一個

神祕的東方。

可是，船上所帶的糧食和日用品都所剩無幾，船員們個個都疲憊不堪，根本無法前進，只有儘快返航。

在歸途中，迎接他們的是狂風巨浪，急流險灘。原來，迪亞士又經過上次遇到風暴的地方——非洲大陸最南端。於是，他便將這個地方命名為「風暴角」。

1488年12月，迪亞士率領他的船隊返回了里斯本，他一五一十地向國王講述了歷經的磨難，以及發現「風暴角」的經過。國王對他的此次遠航十分滿意，認為「風暴角」的發現是個很好的徵兆，只要繞過它就能通往富庶的東方。

於是，他就將這個「風暴角」改名為「好望角」。迪亞士也就被世人稱之為「好望角之父」。

知識點睛

巴托羅繆‧迪亞士的船隊兩次經過都遇到了意想不到的風暴，好望角的風暴讓他刻骨銘心，也給他送來了一份貴重的「禮物」——完成了一個史無前例的偉大發現。

眼界大開

　　巴托羅繆・迪亞士（1450～1500年），出生於葡萄牙一個貴族世家。

　　他在年輕的時候，就特別喜歡探險，曾經隨船到過非洲的一些國家，因此，他有著豐富的航海經驗。

　　一直以來，他都希望自己能夠成為第一個開闢東方貿易的航海家。可是，1500年，當迪亞士又一次率領大型船隊繞好望角航行時，不幸遇到了大風暴，好望角最終成了他的葬身之地，但是他的探險精神及發現好望角的功績將永載史冊。

06 哈雷的傑出貢獻——「哈雷彗星」

1680年，哈雷在法國旅遊時看到了有史以來最亮的一顆大彗星。他想，這是什麼彗星？為什麼會這麼亮？兩年後，也就是1682年，他又看到了另一顆大彗星。這兩顆大彗星在他心中留下了極為深刻的印象，並激發了他探索彗星奧祕的強烈熱情。

1695年，哈雷開始專心致志地研究彗星。他從1337年到1698年的彗星記錄中挑選了24顆彗星，用一年時間計算了它們的軌道。

1704年，哈雷在計算彗星運行軌跡中，發現了三顆奇特的彗星，對此感到十分不解：

「奇怪，為什麼1531年、1607年和1682年出現的這三顆彗星軌道那麼相似？難道是木星或土星的引力造成的？」

　　「天哪，會不會是同一顆彗星呢？」突然間，這一個念頭在他的心裡迅速閃過，讓他著實吃驚不已。因此，他不敢輕易立即下此結論，而是不厭其煩地向前搜索：「嘿，這真是一顆非常奇特的彗星，竟然從1456年、1378年、1301年、1245年，一直到1066年，歷史上都有它的記錄。」

　　想到這，哈雷大膽地預測，這顆奇特的彗星還會出現。1705年，哈雷發表了《彗星天文學論說》，宣佈1682年曾引起世人極大恐慌的大彗星將於1758年再次出現於天空（後來他估計到木星可能影響到它的運動時，把回歸的日期推遲到1759年）。

　　當時哈雷已年過五十，知道有生之年無法再見到這顆大彗星了，便在書中充滿自信地寫上了這樣一段話：「如果彗星最終根據我們的預言，大約在1758年再現的時候，公正的後代將不會忘記這首先是由一個英國人發現的……」

　　1758年初，梅西葉就動手觀測了，他希望自己能成為第一個證實彗星回歸的人。1759年1月21日，他終於找到了這顆彗星，這令他欣喜不已。但讓他想不到的是，在1758年聖誕之夜，德國德雷斯登附近的一位農民天文愛好者已捷足先登，發現了回歸的彗星。

　　1759年3月14日，哈雷彗星通過近日點，正是哈雷預

告的一個月前。此時，哈雷已長眠地下十幾年了。可是，人們沒有忘記他的傑出貢獻，於是，就把這顆彗星命名為「哈雷彗星」。

一直到292年前（1697～1705年），英國科學家艾德蒙·哈雷發表了《彗星天文學論說》一書，分析闡述從1337年到1698年觀測到的24顆彗星軌道，他發現1531年、1607年、1682年出現的3顆大彗星，每隔七十五、六年回歸一次，並預言這顆彗星將於1758年底或1759年初再度回歸。至此，人類才知道彗星也是太陽系的成員之一。

眼界大開

哈雷在研究彗星軌跡時，無意間發現有三顆彗星的軌跡非常相似，進而推測這是同一顆彗星。但是，如果他沒有豐富的天文學知識，特別是精深的數學知識，根本無法計算出彗星的軌跡。應該說，他能夠發現哈雷彗星，數學的作用不可低估。

可見，運用數學方法進行精確計算、科學推演，也是完成一項重大發明發現的一種有效方法。

07 赫歇爾的重大發現 ——天王星

1781年3月13日深夜,天空繁星點點,是個觀察星空的好時機。於是赫歇爾將自製的望遠鏡架在樓頂平台上,指向他觀察已久的雙子星座,他是那麼的投入,以致他的心完全沉浸在天空中星星的海洋裡。

突然,鏡頭裡出現了一個略顯暗綠色的光點,那可是他從未見過的一顆新星。

在他確定自己沒有看錯後,又換上倍數更大的望遠鏡進行觀察,結果發現這個圓面又大了不少。

換鏡頭後,星體如果增大,則是行星或彗星。如果星體不變,則是恆星。在赫歇爾幾次更彗星,而且這顆星星一定存在於太陽系中。

第二天深夜,他又把望遠鏡對準了這個目標,這個圓面的位置已經稍稍變動了一些。

經過數日的觀測後，赫歇爾毫不猶豫地判定：這是一顆彗星。但是，透過270倍的望遠鏡頭進一步觀察發現，這顆彗星周圍沒有霧狀雲以及彗星尾，而天文學常識告訴我們，一般的彗星多數都有彗星尾，即使沒有彗星尾，周圍也要有霧狀雲。

「這恐怕不是一顆普通的彗星！」赫歇爾又重新做出一個判斷。

為了慎重起見，4月26日，他還是先把它比做彗星，寫了一份《一顆彗星的報告》呈給英國皇家學院。他在報告中指出，這顆闖入鏡頭的「新客」是一顆沒有尾巴的彗星。赫歇爾發現新彗星的消息傳開後，許多天文學家的望遠鏡都瞄準了這顆新星進行追蹤觀測，最後，天文學界達成共識：這不是彗星，是一顆行星。於是，赫歇爾的發現，使太陽系增加了一位新成員，成了第七大行星。

赫歇爾的這個重大發現引起了強烈的轟動。因為，長期以來，人們公認土星是太陽系的邊緣，而現在卻要打破這一邊界，讓這個新發現的行星來代替土星，確實很難讓人接受。那麼，現在該給這顆行星來命個什麼樣的名字呢？赫歇爾建議把這顆行星命名為喬治星。波德提出把它稱為烏拉諾斯，即「天王星」，因為神話中天王是土星的父親。這樣一來，木星、土星和天王星，即

子、父、祖父三代並列於太陽系中。

　　不過這種提法一直沒有被採納，直到1850年才開始廣泛使用。但是，一些科學家為了紀念它的發現者，仍然叫這顆行星為赫歇爾。天王星和赫歇爾這兩個名字在很長一段時間內都被人們所並用。

 知識點睛

　　天王星在太陽系內排行第七，距太陽約29億公里。它的體積很大，是地球的65倍，僅次於木星和土星；它的直徑為5萬多公里，是地球的4倍，品質約為地球的14.5倍。它的赤道面與公轉軌道面的傾角為97.9度，就好像天王星是在公轉軌道面上「躺著轉」。看上去它是一顆藍綠色的星球。1977年，天文學家還發現它有光環。

眼界大開

　　人們對事物的認識是一個由表及裡，甚至是由假象到本質的過程。最初，赫歇爾把天王星當成彗星，然後經過認真地觀察研究，才確定了天王星的其實身份。

08 數學家「筆尖上的發現」——海王星

為了確定天王星軌道，天文學家對其位置作了數年之久的觀測，以確定其暫態位置和運動速度。牛頓的萬有引力定律，準確地描述了行星沿特定的運行軌道繞太陽公轉。因此，用它便可預報行星和彗星的位置。然而，天王星的運動卻出乎意料。

天王星的這一反常行為，給天文學界帶來了許多疑問。於是他們開始懷疑萬有引力是不是有問題，或者在天王星之外，是否還存在一顆未知名的行星。而驗證它們所懷疑的第二個問題的唯一辦法，就是運用天體力學將造成天王星攝動的新行星算出來。

在此之前，英國劍橋大學數學系的學生亞當斯，得知天王星的軌道之謎後，就開始研究天王星的運行問題。他綜合當時天文學家對天王星的軌道計算的一些情況，

認為一定還有一顆未發現的行星存在，是這顆行星的引力影響了天王星的軌道，而不是萬有引力定律或觀測資料有錯。

亞當斯借來天文台的全部觀測資料，利用課餘時間進行了大量計算。

經過兩年的努力，亞當斯終於在1843年10月21日完成了計算。他把結果送給了皇家天文台台長艾利，希望他能幫助確認這顆新的行星。

但令人遺憾的是，艾利對這位年輕大學生的研究成果不屑一顧，順手把這份資料塞進了抽屜。然而，就在亞當斯計算新行星軌道的同時，法國天文學家勒維烈也在進行同樣的工作。

1846年8月31日，勒維烈發表了他的研究成果，並寫出了「論使天王星運行失常的行星，它的品質、軌道和現在位置的決定。」

艾利聽到這個消息後，突然想起了亞當斯的計算。於是，急忙找出來一對照，讓他大吃一驚的是，其結論與亞當斯基本相同。

1846年9月23日，柏林天文台的天文學家卡勒，接到了勒維烈的一封來信和論文，當天晚上就將望遠鏡對準了勒維烈所說的天區，他仔細地記下了他所觀察到的每一顆星，然後將新紀錄的諸星與不久前剛得到的一張詳

細的星圖進行比較，發現在勒維烈所說的位置附近有一顆新的行星。

柏林天文台發現新行星的消息傳到了英國，皇家天文台台長艾利深感震驚，他立即找出了勒維烈的論文摘要，這下又讓他大吃一驚，亞當斯早就給出了同樣準確的預言。

他連忙發表了這份一年前就交給他的論文摘要，好讓這件事在科學界真相大白。

於是，卡勒與法國的勒維烈和英國的亞當斯一道，被世人公認為這顆新行星的發現者。

當時，在這顆行星的發現權問題上，英法兩國還發生過爭吵。同時，在給新的行星命名問題上也存有分歧。發現之一的勒維烈主張沿襲神話神名命名行星的做法，用海洋之神耐普頓命名，這一不帶民族主義特色的主張馬上得到了廣泛的認同。於是，就有了現在我們所熟知的「海王星」這個名字。

知識點睛

海王星的發現過程，實際上是牛頓萬有引力定律的一次巨大勝利，萬有引力定律能使天文學家根據已知行星所受到的引力來預見未知的行星，並且還能夠測出它

們的位置。

眼界大開

在科學界，科學家們承認海王星的發現權擁有者是卡勒、勒維烈和亞當斯。它充分說明了，在不同的國度，用不同的方法，都能夠完成同一個偉大的發現。

09 外空中神祕信號的降臨———脈衝星

1.976年夏天，在劍橋研究組工作的24歲的喬斯林·貝爾肩負著一項艱苦而又繁重的觀測任務——觀察太陽系行星際空間的閃爍現象。

望遠鏡對整個天空掃視一遍需4天時間，因此，每隔4天貝爾就要詳細分析一遍記錄紙帶。由於望遠鏡的整個裝置不能移動，所以只能依靠各天區的周日運動進入望遠鏡的視場進行逐條掃描。貝爾必須用雙眼，仔細審視記錄紙帶。既要從紙帶上分離出各種人為的無線電信號，又要把真正射電體發出的射電信號標示出來。可想而知，這是一項枯燥而又艱苦的工作，它不僅需要觀測者極度的細心，而且還要有驚人的耐心。

她是一個盡職盡責的工作者。無論是白天還是黑夜都在努力進行她的觀察與分析。

一天上午，正當貝爾全神貫注地整理一個月以來的紀錄時，紙帶上有一段不同尋常的記錄，立刻引起了貝爾的注意，她頓生疑問：「奇怪，這既不像行星閃爍的現象，也不像地球上人為的干擾，是怎麼回事呢？」

貝爾是個非常細心的人，這種不太明顯的現象，一般人是不會在意的，但貝爾卻對它給予了高度的重視。她又請教了她的老師，在老師的指導下，半個月後，她終於得到了一個清晰的脈衝圖像。這種來自太空的神祕信號，從所記錄到的曲線看上去似乎毫無規律，但仔細觀測，就會發現這中間其實掩藏著一組極有規律的脈衝信號——脈衝週期只有1337秒，週期特別短，稍縱即逝。儘管它雖然短，卻非常穩定。

「這難道是外星人從遙遠的星球上，向地球發射來的聯絡信號？」貝爾突發奇想。

經過貝爾之後幾年的觀察結果顯示，原來，那並非是什麼外星人發來的信號，而是一個新的天體。

「那麼，這到底是一個什麼天體呢？」貝爾百思不得其解。就在她愁眉不展的時候，一位科學家曾經說過的話，突然在她的耳邊響起。

「宇宙間可能存在著一種由中子組成的恆星，它的直徑特別小。」

貝爾恍然大悟。

　　「莫非這就是幾十年前科學家所說的星體？」她欣喜若狂。

　　1968年2月，貝爾和她的老師休伊什等人，在英國《自然》雜誌上發表了題為《對一個快速脈動射電源的觀測》的報導，文中稱他們的劍橋研究組收到了來自宇宙空間的無線電信號。

　　後來，經過系統觀測，這類天體被貝爾等人正式命名為「脈衝星」。

知識點睛

　　20世紀60年代天文學四大發現——宇宙背景輻射、星際分子、類星體、中子星（脈衝星）。其中，脈衝星是具有強磁場，並能快速運轉的中子星。中子星主要是由中子組成的。

　　脈衝星的自轉速度非常快，它能在極短的週期內規律地發出射電波脈衝信號。所以，地球上的觀測者，有時能看見，有時看不見。

眼界大開

　　貝爾之所以能夠發現脈衝星就在於：一是她借助休伊什製造的射電望遠鏡，沒有這樣高性能的望遠鏡，就根本無法發現神祕的脈衝星；二是她善於捕捉天文現象中的「蛛絲馬跡」，能夠一絲不苟，捕獲一些微妙的資訊，最終揭開觀測事物的神祕面紗。

10 藥師的偉大發現——太陽黑子週期

施瓦布最初只是德國的一個職業藥師,但他卻十分愛好天文,是一個狂熱而又異常勤奮的天文迷。他從1826年開始對太陽進行觀測,想利用「火神星」凌日的機會發現它。

只要天氣晴朗,他的觀測從不間斷。施瓦布為了把太陽黑子與「火神星」區別開來,他每天都堅持把日面上的黑子畫下來,堅持了整整17年的時間。

可是,直到1843年,施瓦布始終沒有找到「火神星」的蹤影。

有一天,施瓦布把17年來積累了幾櫃子的黑子圖,全部翻出來進行比較,想從中尋覓到「火神星」的蛛絲馬跡。可是,萬萬沒有想到的是,他朝思暮想的「火神星」始終沒有露面,卻意外地發現了另外一種現象——

太陽黑子的11年週期變化。

　　這頓時令他高興異常，於是他馬上將自己的發現寫成論文，寄到天文期刊編輯部。

　　但是，編輯們看他只不過是一個普通藥師，對他的論文根本不屑一顧，也無暇理睬他。然而，施瓦布並沒有因此而氣餒，愈是有這般遭遇，他就愈是不甘於失敗。於是，他仍然繼續堅持每天的觀測工作。

　　時間就這麼一天天地過去了。16年後，也就是1859年，施瓦布已年近古稀，成了頭髮斑白的老人。可是，始終沒有見到「火神星」的蹤影，而太陽黑子變化的規律卻更加明顯了。

　　於是，他把自己的觀測成果告訴了一位天文學家，這位天文學家立即把施瓦布這一重大發現整理成論文公之於世。

　　「這次會不會再像上次那樣，仍石沉大海呢？」施瓦布開始擔心起來。

　　但出乎意料的是，這篇論文公佈不久，就收到了迴響。他的發現，立即受到了天文學家的極大重視，並很快得到了證實。現在，太陽活動的11年週期變化已成為大家公認的太陽活動的基本規律。

　　1904年，英國的一位名叫愛德華・蒙德的天文學家，發現了一幅奇異的景象，記錄太陽黑子週期變化的圖表，竟是一隻翩翩起舞的「蝴蝶」。

　　蒙德以緯度為縱坐標，以時間（年分）為橫坐標，繪出太陽黑子的分佈圖後，發現漸漸靠近赤道的太陽黑子就像蝴蝶的兩隻翅膀。如果把幾個太陽黑子週期的圖案繪製在一起，就組成了一連串翩翩起舞的「蝴蝶」。

　　科學家們正致力於研究這個神奇的太陽黑子「蝴蝶圖」，試圖揭開這幅太陽黑子「蝴蝶圖」的祕密。這樣就可以讓科學工作者更好地預測太陽風暴何時來臨。

　　因為太陽風暴爆發時，會給人類帶來很多影響，如影響通訊、威脅衛星、破壞臭氧層等，這些都與人們的生活息息相關。因此，對太陽黑子「蝴蝶圖」的研究，具有十分重要的意義。

眼界大開

太陽黑子的出現，有的年分多，有的年分少，有時甚至幾天、幾十天日面上都沒有黑子。天文學家們早已注意到，太陽黑子從最多（或最少）的年分到下一次最多（或最少）的年分，大約相隔11年。

也就是說，太陽黑子有平均11年的活動週期，這也是整個太陽的活動週期。天文學家把太陽黑子最多的年分稱為「太陽活動峰年」，把太陽黑子最少的年分稱為「太陽活動寧靜年」。

11 哥白尼的偉大貢獻
——「日心說」

當哥白尼18歲的時候，他的舅父把他送進了克拉科夫大學，在那時，思想敏銳的他對天文學和數學產生了極大的興趣。

他廣泛涉獵古代天文學書籍，潛心研究「地心說」，做了大量的筆記和計算，並開始用儀器觀測天象。

之後，他在義大利帕多瓦大學留學，留學期間他得知該校的天文學教授諾法拉對「地心說」表示懷疑，認為宇宙結構可以透過更簡單的圖表現出來。

就是在諾法拉的這種思想的影響下，哥白尼萌發了關於地球自轉和地球及行星圍繞太陽公轉的見解。

後來，他回到波蘭繼續進行長期的天象觀測和研究，更進一步認定太陽是宇宙的中心。因為行星的順行逆行，是地球和其他行星繞太陽公轉的週期不同造成的假象，

表面上看來是太陽繞著地球轉，但實際上，是地球和其他行星一起，在繞太陽旋轉。

「日心說」。為了避免教會的迫害，他把自己的觀點寫成一篇《淺說》，抄贈給他的一些朋友。

然而，哥白尼曾經說過這樣一句話：「人的天職在於探索真理。」經過一番激烈的思想鬥爭後，在探索真理的強烈衝動下，他決心將自己的心血公佈於眾。於是，他開始了《天體運行論》一書的寫作。但是，這本書出來以後，由於受到教會的壓制，一直沒能得到出版發行。

直到1543年5月24日，這部舉世矚目的著作才終於面世。當人們把這本科學巨著送到哥白尼的面前時，此時此刻，哥白尼的生命已走到了盡頭。但他永遠也不會感到遺憾的是，就在他臨終前的一小時，他如願以償地看到了他剛剛問世的偉大著作。

在這本書中，哥白尼明確地提出了所有的行星都是以太陽為中心，並繞著太陽進行圓周運動。他以畢生的精力去進行天文研究，創立了《天體運行論》這一「自然科學的獨立宣言」。

《天體運行論》雖然也存在著缺點，但它在人類歷史上第一次描繪出了太陽系結構的真實圖景。

 知 識 點 睛

為了捍衛太陽中心說，義大利思想家布魯諾於1600
年2月17日，被宗教裁判所燒死在羅馬廣場上。

西元1616年，羅馬教廷將哥白尼的《天體運動論》
列為禁書。

1757年，羅馬教皇解除了對《天體運動論》的禁令，
但直到1882年才承認太陽中心說。

 眼 界 大 開

亨利‧施瓦布並不是一個天文專家，並且在漫長的
幾年中，他的研究成果也沒有得到認可，可是，他並沒
有放棄，憑藉他們不懈的努力，終於成為太陽黑子週期
的偉大發現者。這充分說明了一個深刻而又普通的道理：
天道酬勤。

12 康得——拉普拉斯 星雲假說的提出

　　　次，張老師帶領地理興趣小組的同學們去參加一個地理科普知識展，當他們看到一個有關太陽系介紹的內容時，張老師趁機向同學們提問了：「很久以來，人們就對太陽系的來源進行了多方探索。現在科學界普遍認為：太陽系起源包含兩個基本問題：一是太陽系中形成行星的物質從何而來，二是行星是怎樣形成的。圍繞這兩個問題，也產生了各式各樣的學說。但是，最有影響的是康得—拉普拉斯的星雲假說。你們知道，這個假說是怎麼提出來的嗎？內容又是什麼呢？」

　　同學們都啞口無言，於是張老師向同學們介紹：「1755年，德國哲學家康得首先提出了太陽系起源的星雲假說。他認為：『太陽系是由原始星雲按照萬有引力定律演化而成。在這個原始星雲中，大小不等的固體微

粒在萬有引力的作用下相互接近，大微粒吸引小微粒形成較大的團塊，團塊又陸續把周圍的最強的中心部分吸引的物質最多，先形成太陽。外面的微粒在太陽吸引下向其下落時，與其他微粒碰撞而改變方向，變成繞太陽做圓周運動；運動中的微粒又逐漸形成引力中心，最後凝聚成朝同一方向轉動的行星。』」

「然而，康得的星球假說提出後，並沒有立即引起人們的注意。1796年，法國著名的數學家和天文學家拉普拉斯也獨立提出了與康得類似的另外一個星雲假說，使得太陽系起源與演化的研究受到了更多的重視。拉普拉斯的星雲說的主要觀點是：「『太陽系是由熾熱氣體組成的星雲形成的。氣體由於冷卻而收縮，因此自轉加快，離心力也隨之增大，於是，星雲變得十分扁了。在星雲外緣，離心力超過引力的時候便分離出一個圓環，這樣反復分離成許多環。圓環由於物質分佈不均勻而進一步收縮，形成行星，中心部分形成太陽。』」

「可見，拉普拉斯與康得的觀點基本一致，只是拉普拉斯的假說在細節上做了很多動力學方面的解釋，與康得的假說相比，論證更嚴密、更合理、更完善。

「所以，人們把康得和拉普拉斯兩個人的假說，合稱為康得—拉普拉斯星雲假說。」

張老師的詳細講解，讓同學們學到了不少知識，他

們對地理知識也越來越感興趣。

對於地球是怎樣起源的,中國古代有盤古開天地的神話,在國外,流行著上帝創造太陽、地球的說教。直到18世紀,人們才開始科學地探索地球、太陽的起源,產生了星雲假說,甚至不同門派、不同見解。這些見解和假說,絕不是無中生有,而是透過觀察和研究後,在有所發現的基礎上建立起來的理論體系。

伊曼努耶爾·康得(1724～1804年),是德國古典哲學創始人。他的一生主要分兩個階段,前期主要研究自然科學,主要成果是1755年發表的《自然通史和天體論》,提出了太陽系起源的星雲假說;後期是從1781年開始的9年裡,寫出了一系列有獨到見解的偉大著作,建立了康得哲學體系。

13 進軍「萬寶之地」 ——南極大陸

1772年12月，英國最偉大的航海家和探險家庫克受英國海軍部的委託，率領兩艘獨桅帆船「決心」號和「冒險」號從南非出發，開始了在南太平洋環繞南極大陸的偉大航行。這一次，他沒有發現南極大陸，卻成為南極圈內第一次出現人類航行的拓荒者。

於是，1768年到1779年，庫克又3次探索南極大陸，最南到達南緯71度的邊緣，這是人類歷史上第一次航行到地球最南端的記錄，但是，最終因為冰山阻撓而無法前進。在南極洲雖然沒有留下以庫克命名的地名，但他此前穿過的新西蘭島與北島間的海峽，以及太平洋中的一處群島，已被命名為庫克海峽和科克群島。

此後的34年時間裡，沒有一個國家為尋找南方大陸做出過努力。

　　1819年，庫克的探險報告終於引起了美國康涅狄格州的撒尼爾·帕爾默克船長的注意。庫克在他的探險報告中說，南極圈附近水域存在著大量的海豹和鯨，這使帕爾默克產生了濃厚的興趣。他找來一張地圖，開始研究如何到達地圖上的未知的南方大陸。經過一段時間的精心籌備，帕爾默克船長終於率領單桅帆船「英雄」號駛向了南方。

　　他在茫茫大海上航行了幾個月，卻連海豹的影子都沒見著。但帕爾默克堅信，一定會找到那個地方的。然而，越是向南，天氣越是寒冷，氣候也越惡劣。船隻還不時地會遇到或大或小的漂流的冰山。船員們開始洩氣了，紛紛要求返航。但帕爾默克卻有一股不找到海豹誓不返航的決心。於是，他好好安撫了一下他的船員。致使「英雄號」在綠色的海水中繼續向南航行。

　　忽然，帕爾默克發現在淡淡的晨霧中，有一片模糊的黑影，他命令船隻快速向前靠近。

　　「哇！是一塊無比荒涼的陸地。」帕爾默克驚喜萬分，立即下船登岸。當他們爬上一座高峰時，帕爾默克拿出單筒望遠鏡，向南極眺望，不禁大叫起來：

　　「快來看呀，快來看呀！那是什麼？」

　　船員們紛紛跑過來，對著望遠鏡向南方望去。那是一片連綿逶迤的山嶽地帶，遠遠看上去，上面好像覆蓋

197

著一層厚厚的冰層，只有高處顯露出棕色的山峰……

帕爾默克清醒地意識到：這就是傳說中的『澳斯特拉利斯地』，地球最南端的那塊大陸，也就是當年庫克船長沒能發現的大陸！

於是，地球上最後一塊被人類征服的大陸——南極大陸，被帕爾默克船長幸運地發現了。

後來，隨著科學探索的不斷深入，人類在揭開南極神祕面紗之後，發現這兒竟然是一塊「萬寶之地」。因為，在它厚厚的冰層下埋藏著對科學探索有著巨大意義的未知奧祕和豐富的自然資源。

知識點睛

中國參加橫跨南極的探險活動，是在1989年7月14日開始的。那天一支由中、美、蘇、法、英、日等6國6名南極考察隊員組成的國際探險隊，1990年3月3日，考察隊到達了終點站——和平站，歷時7個月，行程6400公里，又一次在南極考察史上寫下了光輝的一頁。

眼界大開

　　烈風、酷寒、暴雪是南極氣候的三大特徵，尤其是烈風。南極常年刮大風，最大風速每秒可達百米左右，比每秒33米的12級大風還高出近3倍。因此，南極成了名副其實的「風暴王國」。

14 病床上的意外發現
——大陸漂移假說

1910年的一天，德國科學家阿爾弗雷德・魏格納因牙痛而在醫院住院養病。他躺在病床上，無意間把目光移到了牆上的世界地圖上。突然，他眼睛一亮，意外地發現：大西洋兩岸的輪廓竟是如此的相互對應，巴西東端的突出部分與非洲的幾內亞灣就像從一張紙上剪開來一樣，十分吻合。再仔細看下去，巴西海岸的每一個突出部分，都可以在非洲西岸找到相應的海灣……

魏格納就像哥倫布發現新大陸似的，他的腦海裡就像翻騰的波濤再也無法平靜下來：非洲大陸和南美洲大陸，以前會不會是連在一起的呢？也就是說，它們之間原來並沒有大西洋，只是後來因為受到某種力的作用才破裂分離，大陸會不會是移動的呢？

想到這，他興奮得竟然忘記了自己的病痛，馬上辦

理離院手續回家，並決心把這個問題搞清楚。

回家以後，魏格納展開了調查研究。他把一塊塊陸地都進行了比較分析，又對海岸線的形狀進行觀察，結果發現，地球上所有的陸地都能連在一起。

這時，他腦海裡掠過一個驚人的想法：在古生代石炭紀以前，各大陸曾經是連在一起的完整的海岸線才有著驚人的吻合。

為了證明這一觀點，他開始搜集資料了，包括海岸線的形狀、地層、構造、岩相、古生物等多方面的資料，並認真地進行了分析探索。當他掌握了大量的證據之後，終於在1912年完成了科學巨著——《海陸的起源》，正式提出了「大陸漂移說」。

在這本書裡，他提出了著名的大陸漂移理論。他指出，在2億5千萬年前，目前分成各個洲的古代大陸是連在一起的，並且是唯一的，稱為泛大陸，那時還沒有大洋。以後，完整的泛大陸開始四分五裂，分裂的大陸之間出現了海洋，逐漸形成了現在的七大洲。

魏格納的大陸漂移學說，動搖了傳統地質學的理論基礎，由此演化成了板塊構造的理論。

但可惜的是，當時他的這個見解並沒有得到人們的認同，直到20世紀60年代，這一理論才被科學家們的許多科技成果所證實，並得到應有的重視。

知識點睛

　　目前魏格納的觀點已被許多人所接受，但它還只能算是科學假說，因為還有一個關鍵問題沒有解決：重達1000億億噸的6塊大陸，究竟是如何漂移的，是什麼力量驅使他們漂移？這個關鍵性的問題至今還無人能做出回答。

眼界大開

　　魏格納大陸漂移說的主要論點是：現在的美洲、非洲、亞洲、歐洲、澳洲及南極地區，在古生代是一個單一的大陸──泛大陸。花崗岩質大陸像冰山在海洋中一樣，漂浮在玄武岩質基底上。

　　由於潮汐力和地球自轉離心力的作用，泛大陸在中生代分裂成幾大塊，最先是美洲和歐洲、非洲分離，中間形成大西洋，接著澳大利亞南極和亞洲分離，中間形成印度洋，移動大陸的前沿遇到玄武岩質基底的阻擋，便發生擠壓和褶皺隆起為山，而移動過程中脫落下來的大陸「碎片」，便成了島嶼。這個漂移過程很緩慢，直到第四紀初期才形成現今地球上海陸分佈的輪廓。

有關物理的那些事

潘宗佑 編著

當一列鳴著笛的火車和你乘坐的火車相遇急馳而過時，
你聽到的笛聲是有變化的。你特別注意過嗎？
如果沒有摩擦力，人們的生活又會發生什麼樣的變化？

只要你還保持一顆好奇心，這個世界就永遠有驚喜等著你！
本書將打破課本固定的純知識性講解，以活潑有趣的形式，
讓你從中輕鬆學到知識，進而對物理有更深刻的瞭解。

有關生物的那些事

張文碩 編著

科學家們不停在探索生物界的奧祕，
不過，神奇的大自然還是存在許多未解之謎，
我們至今仍無法完全理解這個多姿多彩的生物世界!

只要你還抱有一顆好奇心，
這個世界就永遠有驚喜等著你!

有關數學的那些事

葉宏文 編著

規 ◎ 就是畫圓的圓規
矩 ◎ 就是折成直角的曲尺。

在幾何製圖中，圓規、直尺是最基本的兩種工具。
那麼「規」和「矩」最早是誰發明的呢？

你認為除了數學家，大多數人都與數學知識無關嗎？
那麼請讀一讀我們的數學故事，你會發現數學知識無處不在！

永續圖書
線上購物網

www.foreverbooks.com.tw

姓名		性別	□男　□女
生日	年　　　　月　　　　日	年齡	

住宅地址	郵遞區號□□□

行動電話		E-mail	

學歷

□國小　　□國中　　□高中、高職　　□專科、大學以上　　□其他_____

職業

□學生　　□軍　　□公　　□教　　□工　　□商　　□金融業
□資訊業　□服務業　□傳播業　□出版業　□自由業　□其他_____

謝謝您購買 ＿＿＿＿＿**有關地理的那些事**＿＿＿＿＿ 與我們一起分享讀完本書後的心得。務必留下您的基本資料及電子信箱，使用我們準備的免郵回函寄回，我們每月將抽出一百名回函讀者，寄出精美禮物以及享有生日當月購書優惠！想知道更多更即時的消息，歡迎加入"永續圖書粉絲團"

您也可以使用以下傳真電話或是掃描圖檔寄回本公司電子信箱，謝謝！

傳真電話：（02）8647-3660　　電子信箱：yungjiuh@ms45.hinet.net

●請針對下列各項目為本書打分數，由高至低5～1分。

　　　　　　5 4 3 2 1　　　　　　　　　　5 4 3 2 1
1. 內容題材　□□□□□　　2. 編排設計　□□□□□
3. 封面設計　□□□□□　　4. 文字品質　□□□□□
5. 圖片品質　□□□□□　　6. 裝訂印刷　□□□□□

●您購買此書的地點及店名＿＿＿＿＿＿＿＿＿＿＿＿＿＿＿＿＿＿

●您為何會購買本書？

□被文案吸引　　□喜歡封面設計　　　□親友推薦　　　□喜歡作者
□網站介紹　　　□其他＿＿＿＿＿＿＿＿＿＿＿＿＿＿＿＿＿＿

●您認為什麼因素會影響您購買書籍的慾望？

□價格，並且合理定價是＿＿＿＿＿＿＿＿　　□內容文字有足夠吸引力
□作者的知名度　　　□是否為暢銷書籍　　　□封面設計、插、漫畫

●請寫下您對編輯部的期望及建議：

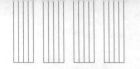